核兵器は禁止に追い込める

米英密約「原爆は日本人に使う」をバネにして

岡井 敏 著

目次

註　「広島平和記念資料館」は、「原爆資料館」とも称される。本書では双方の名称を併用した。
表紙カバーの写真は、投下直後のナガサキ原爆。

Map Room Papers
Naval Aide's File
File Bk 172
WB.

S/

Franklin D. Roosevelt Library
DECLASSIFIED
AEC to Director FDRL
2-12-70

10, Downing Street,
Whitehall.

~~TOP SECRET~~

TUBE ALLOYS

Aide-memoire of conversation between the President and the Prime Minister at Hyde Park, September 18, 1944.

1. The suggestion that the world should be informed regarding Tube Alloys, with a view to an international agreement regarding its control and use, is not accepted. The matter should continue to be regarded as of the utmost secrecy; but when a "bomb" is finally available, it might perhaps, after mature consideration, be used against the Japanese, who should be warned that this bombardment will be repeated until they surrender.

2. Full collaboration between the United States and the British Government in developing Tube Alloys for military and commercial purposes should continue after the defeat of Japan unless and until terminated by joint agreement.

3. Enquiries should be made regarding the activities of Professor Bohr and steps taken to ensure that he is responsible for no leakage of information, particularly to the Russians.

FDR WSC
18.9

TUBE ALLOYS（ハイドパーク覚書、1944 年 9 月 18 日）
The Franklin D. Roosevelt Presidential Library and Museum.USA 所収

一　「ハイドパーク覚書」を知っていますか
――われわれに人種差別の刃が向けられた

一九四五年、八月六日と九日の二度にわたって原爆が日本に落とされた。今アメリカは、原爆の使用は太平洋戦争の終結を早めるためであり、同年十一月予定の日本上陸作戦で、五十万人とも予想された米軍犠牲者を出さないために必要だったとして、これがほぼ米国の公式見解となっている。一方、これに対する日本側の公式見解は出されていない。しかし本当のところアメリカは軍事的必要も無いのに新兵器だから使ってみたかっただけで、しかも「日本人に対して」だったから使ったのである。まずその証拠を示しておかなければならない。

それは、日本・ドイツが共に米英と戦っていた時の「ハイドパーク覚書」というものを見れば分かる。その原文のコピーが日本にもあって、これには「**日本人に対して使用**」**"be used against the Japanese"** とはっきり書いてあり、当時の米大統領・ルーズベルトと英首相・チャーチルの手書きによる FDR　WCC の赤インクの署名まである。

TUBE ALLOYS

Aide-memoire of conversation between the President and the Prime Minister at Hyde Park, September of 18, 1944.

1. The suggestion that the world should be informed regarding Tube Alloys, with a view to an international agreement regarding its control and use, is not accepted.

The matter should continue to be regarded as of the utmost secrecy; but when a "bomb" is finally available, it might perhaps, after mature consideration, be used against the Japanese, who should be warned that this bombardment will be repeated until they surrender.

2. Full collaboration between the United States and the British Government in developing Tube Alloys for military and commercial purposes should continue after the defeat of Japan unless and until terminated by joint agreement.

3. Enquiries should be made regarding the activities of Professor Bohr and steps taken to ensure that he is responsible for no leakage of information, particularly to Russians.

FDR WCC 18.9

管用合金

一九四四年九月十八日、ハイドパークでの大統領と首相の会話に関する覚書

一、管用合金の管理と使用については、国際協定を目指して、管用合金を世界に公表すべきであるとの意見があるが、この意見は受け入れられない。この問題は、極秘にし続けるべきものである。しかし「爆弾」が最終的に使用可能になった時には、熟慮の後にだが、多分日本人に対して使用していいだろう。日本人には、この爆撃は降伏するまで繰り返し行われる旨、警告しなければならない。

二、管用合金を軍事目的、商業目的に開発する米英両政府間の完全な協力作業は、日本敗北後も、両政府の合意によって協力が停止されない限り、継続されるべきである。

三、ボーア教授の活動については調査する必要がある。教授には、特にロシア人に対してだが、情報を漏らさない責任があり、この保証措置を取らねばならない。

九月十八日　　　　**ルーズベルト　チャーチル**

管用合金とは原子爆弾の暗号である。この「ハイドパーク覚書」の原文は私にとっては、最初から手にすることが出来たものでなかったが、その話は後に回すことにして、まずこの、絶対者からの宣告ともいうべき文言「**原爆は日本人に対して使用**」を知った時、日本人がどんな反応をしたか、それを語らねばならない。

結論を言うと、驚くべきことに、日本の社会はこれに無関心であり、その冷淡さは反核団体も同様であった。まして、これをもとに核廃絶に進もうとは考えない。それは、原爆で殺された広島・長崎の犠牲者を裏切ることではないか。彼等は日本人であるがゆえに、残虐なやり方で殺された。世界を舞台にして人種差別が行われたのである。それが、同胞の胸に響かないのだろうか。

人種差別と言えば、アメリカで公民権運動の頃、黒人に対して公の人種差別があったとしても、それを露骨な形で直接受けたのは一部の黒人だけだっただろう。例えばバスの座席に仕切りが設けられたと言っても、それは、南部の限られた地区に過ぎなかったはずだ。虐殺もあったが、それは特に語り継がれるほどの稀なものだった。しかしアメリカの黒人は、自分たち全体が被害者だとして団結した。そして人種差別の撤回を獲得した。被害者が抗議しなかったら、一体誰が抗議しただろうか。広島・長崎への原爆では、日本人全体が被害者なのである。「原爆は日本人に対して使う」の傲慢さ。これに憤らないのか。「貴方は日本人ではないのですか」。

私は一九三〇年生まれの老人で、残された時間はもう僅かしかない。そして最近、思う。私が死んだら「原爆は日本人には使っていいな」の言葉は恐らく消えてしまうだろうと。私は危機感を覚える。私は叫ばずにはいられない。

私が最初に「ハイドパーク覚書」のことを知ったのは何年前だったか。もう思い出せなくなっているが、今もはっきり記憶に残っているのは次の二つの印刷物で、いずれも、覚書の記述は「原爆は日本に使用」となっていた。"be used against the Japanese"「日本人に対して使用」が二つの場合とも誤訳されていたのだが、私は当時、そこにミスがあるとも思わなかったから、これからの話では先ず最初のうちは、覚書の原文も実際に「日本に使用」と書いてあったとして、それで進めていくことにする。

二つのうちの古い方は、一九九九年（平成十一年）八月一日の朝日新聞の特集記事「原爆　なぜ投下された　世紀の傷跡　究明続く」の年表の中においてである。その年表は

「一九三九年八月二日　新型爆弾（原爆）開発に関するルーズベルト大統領あての書簡にアインシュタイン署名」

に始まって

「一九四一年十二月八日　日本軍、真珠湾攻撃。米英に宣戦布告」

などの戦争の記述を交えながら

「一九四二年九月二十三日　軍事政策委員会が発足。原爆計画を統括

一九四三年五月五日　軍事政策委員会で、トラック島集結の日本艦隊を原爆の最初の目標とする意見」

と続き、一九四四年九月十八日に「ハイドパーク覚書」が登場する。

「一九四四年八月二十六日　物理学者ボーア、大統領に原子力の国際管理を提唱
九月十八日　ルーズベルト大統領とチャーチル英首相が会談し、米英の最高機密として原爆開発協力を継続することに合意（ハイドパーク覚書）。『**多分日本に使用**』と言及」

年表はその後

「一九四五年二月四日　米英ソ、ヤルタ会談（十一日まで）。スターリン、対日参戦を約束
四月十二日　ルーズベルト大統領死去。副大頭領のトルーマンが大統領就任」

と、状況の進展、変化に伴って連合国側が取った措置を述べている。そして原爆関係の記事も急ピッチで進み

「四月二十七日　原爆投下の目標検討委員会初会合。五月末までに計三回開き、京都が第一目標に
五月九日　戦時中の原子力問題に関する最高の諮問機関である暫定委員会初会合
五月二十五日　統合参謀本部、十一月一日の九州上陸を目標にするオリンピック作戦を指令
六月一日　暫定委員会、対日無警告使用の勧告に同意
六月十二日　原爆の対日無警告使用に反対する『フランク報告』を科学者がまとめ、陸軍省に提出
七月十六日　ニューメキシコ州アラモゴードで原子爆弾の実験成功
七月十七日　物理学者シラードがシカゴ冶金研究所の科学者七十人の署名を集め、対日無警告

使用に反対する大統領あての要望書をまとめる
七月二十五日　ハンディ陸軍参謀総長代行からスパーツ陸軍戦略航空軍総指揮官に対し原爆投下命令。『八月三日ごろ以降において目視爆撃が可能な天候になり次第、広島、小倉、新潟、長崎のいずれかを目標』とする
八月六日　広島に原爆投下（四五年末までの推定死者約十四万人）
八月九日　長崎に原爆投下（四五年末までの推定死者約七万人）」
で終っている。なおドイツが第二次大戦を初めたのは一九三九年九月一日で、その終結は一九四五年五月八日の無条件降伏である。

もう一つ「ハイドパーク覚書」について私が見たのは、進藤栄一『分割された領土』（岩波現代文庫、二〇〇二年）の中の「第四章　原爆はなぜ投下されたのか――原典から読み説く――」においてである。これは「原典から読み説く」と註がついているように、多くの新資料をもとに、ルーズベルト没後、あとを継いだトルーマンが、いかにルーズベルトの敷いた対ソ協調路線を修正変更していくか、そして、それに原子爆弾がどのように関わっていくかを述べたものだが、その最初の資料として、ハイドパーク覚書が掲載されていた（註　初出は一九八一年『原典アメリカ史』第六巻）。

ハイドパーク覚書（一九四四年九月十八日）
Hyde-Park Aide-Memoire, September 18, 1944

管用合金（チューブ・アロイド）
一九四四年九月十八日ハイドパークにおける大統領と首相との会談に関する覚書
一、管用合金の管理と利用に関する国際協定に達する目的で、管用合金に関する情報を世界に公開すべしという提案は、承認されない。その問題は引き続き最高機密とみなされるべきである。しかし『爆弾』が最終的に使用可能になった時には、慎重な考慮のうえ日本に対しておそらくは使用されるべきであり、その際日本に対して、降伏するまでこの爆弾が繰り返され続ける旨警告が与えられなければならない。……
ダウニング街一〇番地、ホワイトホール
F.D.R（ローズヴェルト）/W.C.C(チャーチル）

私の知っているハイドパーク覚書の記述はこれだけだが、放送では二〇〇三年、ＮＨＫの人間講座「物理学の20世紀」でこの覚書がニールス・ボーアの話の中で取り上げられた。

「一九四四年の九月、ルーズベルトとチャーチルはニューヨーク州のハイドパークで会談します。その際の覚書に、原爆の情報公開は時期尚早だという判断と、ボーアの身辺に対する調査の必要が、並んで盛られています（註　ボーアは朝日の年表にもあるように、原爆の国際管理を提唱した）。この覚書に関してもう一つの衝撃的な事実は『〝爆弾〟の準備が最終的に完了した暁には、熟慮の末、おそらく日本に対して使用し』というくだりです。ナチス・ドイツがまだ降伏していない時点で、原爆投下の対象は日本だということが、すでに米英首脳の間で合意されていたわけです。日本人にとっては、血が逆流するような話です」

ここでもハイドパーク覚書は、誤訳の「原爆は日本に対して使用」で語られたが、「日本人にとって血が逆流するような話」として受け取られた。これが日本人の自然な感情であろう。ドイツをおいて、なぜ日本に原爆が使われるのか。理由が無いではないか。しかし米英は、日本とドイツに違いがあるとした。それは一体何か。

違いで最初に思い浮かぶのは戦況だが、局面はどうだったのか。「覚書」が作られた当時、つまり一九四四年九月頃の戦線は、ヨーロッパでは米英連合軍がフランスのノルマンディに上陸して、ドイツ軍への攻撃を強めているところだった。もちろん米英軍優勢で、ドイツの敗北は時間の問題だっただろう。ただしドイツは、新しく開発したロケット爆弾で英本土への攻撃もしていた。これは今の長距離弾道弾のさきがけである。

では太平洋戦線はというと、その年の七月、アメリカ軍はサイパン島で日本軍を玉砕に追い込んで、島を完全に占拠した。戦略として、アメリカ軍は太平洋の島伝いに進んで、日本本土に迫ったのである。そして、アメリカはサイパン島を手にしたことによって、日本本土爆撃の固定基地を持つことが出来たから、B29の爆撃で確実に日本を壊滅させ得る立場になったのである。

米英は、ヨーロッパ戦線、太平洋戦線のどちらにおいても同等の必勝街道を進んでいた。だから原爆は、どちらの戦線でも絶対必要な兵器というものではなかった。しかし他方、新兵器を作った立場から言うと、それをいつ使ったとしても少しもおかしくなかった。だから原爆は完成したら、どちらの戦線でも随時使うことができた。ところがあくまでも「原爆は日本に使用」だ。原爆は日本に対してのみ使用と制限されたのだ。せっかくの新兵器を制限して、わざと使いにくくする。こんなことがあるのか。これはおかしいではないか。軍事面からすると、確かにおかしいとしか言いようがない。

しかし米英の感情からすると、これは少しもおかしくなかった。原爆は超強力の大量殺戮兵器だ。これを日本に対して使用するということは、日本人の大量殺戮をするということだが、これがドイツ人に対してはできなかった。米英にとって日本人とドイツ人とは感情的に違うのだ。だから原爆の使い方で人種差別をする。

実際、米英首脳は戦時中、国内において、日本とドイツの扱いにおいて、すでに別々の違うことをやっていたのだ。それはアメリカ本土とカナダにおける日系人の差別的取り扱いである。大体、アメリカにおける日系人の扱いは、もともと差別的なものだった。古く日露戦争直後から、カリフォルニア州に日本人移民排斥運動が起こり、排日土地法が成立し、日本からの移民に市民権と土地所有権が認められなかった。借地すら禁止された。それだけではない。米政府は、日本人移民男性に米市民権を持つ女性との結婚さえも禁じた。大正時代になると、いわゆる排日移民法案が米議会を通過して、日本からの移民は全面的に禁止される。それでも一九四一年の開戦時、米本土に約十二万人の日本からの移民とその子孫がいた。その三分の二は米国籍を持つから完全な米国人のはずである。しかしその日系米市民にもアメリカ社会は容赦なかった。太平洋戦争開戦直後の一九四二年初頭、日系米人は戦時緊急措置として強制収容所に収容されたのである。この時、命令となったのは、次の大統領令九〇六六である。

「必要に応じて米国内に軍事区域を指定し、その地域に居住する者で合衆国の国防に害があると認められる者は、市民、外人の別なく強制的に立ち退かせる権限を陸軍省に与える」

こうして日系米人はすべて、限られた日用品をカバンに詰めただけで、奥地の収容所に追いやられた。準備期間は数日しか与えられず、住居、財産は全部没収である。収容所は有刺鉄線で囲まれ、銃を持った兵士に監視された。収容所で割り当てられたのは、一家族に一室であり、冬は寒さ、夏は暑さにさらされた。

大統領令九〇六六は、一見、別に人種を指定するものではない。しかし普通の市民でありながら、強制収容所に送られたのは日系米人だけだった。彼等はれっきとしたアメリカ市民だったのに、日系というだけで自由をすべて奪われたのである。

では同じ敵国のドイツ出身のアメリカ人はどうだったかというと、彼等は普通のアメリカ人として、全く普通に扱われた。同じアメリカ人でありながら日系とドイツ系は別扱いだ。別扱い――ここで日系米人とドイツ系米人とで何が違うかと言えば、その違いは人種以外にない。この時アメリカ本土では、大統領令九〇六六によって確実に人種差別政策が行われたのである。そして隣のカナダにも可なりの数の日系人がいたが、彼等も同様に隔離された。ドイツ系カナダ人は、もちろん普通のカナダ人として扱われる。カナダは英連邦に属したから、これはイギリスの政策であった。アメリカとイギリスで、共通意志の政治決定による共通の政策が行われたのだ。

米英首脳が日系人とドイツ系人とを、こうも区別して扱ったこととは、彼等がその出身国の日本とドイツとを区別して扱うことに他ならない。それなら、原爆使用に日本とドイツの差別が出るのにも、何ら不思議はなかった。むしろ米英首脳が国内政治で示した政治的決定と、原爆の使用に関して取った政治的決定とに不整合が現れたら、それこそ不思議だ。アメリカのこの明白な人種差別は、その頃はやった言葉、イエローモンキーに如実に現れている。当時、日系人は必ずイエローモンキーと呼ばれたから、その余りのひどさを憂えた大学教授の文章が残っているほどである。

原爆使用は、人種差別によって決定された。これが原爆使用に際して目をつぶることの出来ない決定的な点である。黒人差別の過去が、今、装いを変えて原爆投下の差別となった。アメリカでドイツ系米人は普通のアメリカ人だから、その出身国のドイツには原爆を使わない。日系米人はイエローモンキーだから、イエローモンキーの国には原爆を使う。原爆投下後、大統領トルーマンは「野獣を相手にしなければならない時は、野獣を野獣として取り扱わなければならない」と言ったが、まさにトルーマンは、日本人を野獣だとして、野獣には原爆を使うのが当然だとしたのである。

こうして米英は日本を標的にして原爆を使ったが、それは歴史の流れに恵まれた結果、目立たなくなった。ドイツが降伏したのが一九四五年五月で、原爆が完成した七月の時点で戦っていた米英の敵は日本だけだったから、原爆を日本に使っても全く自然であり、「原爆は日本に対して使用」と決めていたことなど、少しも表に出ずに済んだのだ。米英は原爆を作り、それを使うことにおいて、まるで神から守られているようだった。彼等は図らずして時流に乗ることが出来たのである。

原爆は禁止されるべき兵器であるのに禁止されない。それは原爆による被害者が敗戦国民の日本人だけだったからだ。第一次世界大戦の時の毒ガス兵器は対戦国双方に非人道的被害をもたらしたから、早くに禁止兵器にすることができた。しかし第二次世界大戦後の力の絶対的な不均衡では、米英はいくらでも尊大に構えることが出来た。こうして米英は、人類の歴史に悪を定着させた。毒ガス兵器が禁止兵器であって、原爆が禁止兵器でないのは、どう考えてもおかしい。

前大戦の悪の象徴のように言われるナチのアウシュビッツ収容所の虐殺は、毒ガスによるものである。ナチはユダヤ人狩りをやって彼等を集め、収容所に入れ、ガス室に閉じ込め、逃げられないようにして毒ガスで殺した。これがアウシュビッツだ。

原爆は投下地点から半径数キロメートル以内の人間を皆殺しにする。一人残らず殺す。敵国人は投下地点に集まっているから、敵国人狩りをして集める必要はない。その敵国人はほとんどが非戦闘員だろうが、敵国人であることに変わりない。だから殺す。

以上の二つ、広島・長崎とアウシュビッツにどれだけの差があるだろうか。アウシュビッツで虐殺するのは、いろいろ準備等の時間がかかるが、原爆はアウシュビッツの虐殺を瞬間的にやれる。それだけの違いしかない。いや、原爆で殺戮するほうが毒ガスで殺すより残酷なはずだから、原爆は毒ガスよりもっとたちが悪い。瞬間的に押し潰す。放射線の嵐を浴びせる。高熱で苦しませ、目玉を飛び出させ、皮膚をベロベロにして殺す。肺を破壊し呼吸できなくさせるのは毒ガスと同じ。原爆は移動式アウシュビッツだ。大量虐殺だ。しかし今、世界ではこういう議論すら行われない。

アメリカ本土における日系米人隔離問題は一九八八年になって、大統領が、あれは誤りだったと公式謝罪し、法案も議会を通って補償金が支払われた。大統領九〇六六号は人種差別のためであり、アメリカ合衆国憲法修正条項に明らかに違反しているとされたのである。それなら同じ政治決定だった日本への原爆投下も明らかに誤りだったはずだ。アメリカは謝罪すべきである。原爆を禁止兵器とすべきだ。それが論理だ。しかしそんな声は日本でもアメリカでも上がらなかった。いやアメリカでは、日本への原爆投下は戦争終結を早めるためのものだったとする主張は、年代を重ねるにつれ原爆神話として、ますます揺るぎない強固なものになって来ているのである。

二「原爆は日本人に対して使用」で「日本に」ではない
――発掘した真実

二〇〇九年、オバマ氏が米大統領になって、新しい展開があった。四月五日、オバマ大統領はチェコのプラハで核廃絶を訴えたが、そこには今まで語られなかった新しいことが述べられた。それは、アメリカが核保有国として、また核兵器を使った唯一の国として、核廃絶を進める道義的責任があるという表明である。これは、ある意味で画期的であった。これまで核廃絶に道義という言葉が語られたことなんか無かったのだ。しかし、その演説をよく見ると、オバマ大統領は矢張り核抑止力を擁護する立場であって、核兵器の削減と言っても、相手国とその数量を取り引きするだけなのである。そして同時に核不拡散条約NPTの強化であった。NPTは、米ロ英仏中の五カ国を核保有国として認め、他国には核兵器の保有を禁ずる不平等条約である。これでは核廃絶は進むはずがない。実際、オバマ大統領も核廃絶なんか、実際に行われるかどうか分からないと言う。彼は「私が生きている間は不可能だろう」とも言った。これらの動きをどう捉えるか。

ここで、われわれにとって大事なことは、大統領が道義的責任という言葉を登場させたのを、しっかり捉えて消させないようにすることである。彼は「道義」を深い意味で使ったのではない。

核兵器の問題の本質は、核兵器使用の非道義性にこそあるが、彼はそれを語らない。だからわれわれは、これからの議論にはその道義の核心に進むべきなのだ。

ところがこの後、五月五日、ニューヨークの国連本部で核不拡散条約再検討会議の準備委員会で広島、長崎の市長はまったく平凡な演説しかしなかった。両市長は国際ＮＧＯの平和市長会議の正副会長であり、平和市長会議を代表しての演説だった。つまり広島、長崎の市長というのは、そのくらいの重みのある地位だ。しかしその地位に相応した内容の話をしなかったのである。

新聞によると、長崎市長は、オバマ大統領のプラハ演説に触れ、「被爆地は感動に包まれた」と喜びを大仰に語り「核のない世界に向けての流れを、確実で力強い時代の潮流にして行こう」と呼びかけたという。また広島市長は「オバマ大統領になって、核廃絶を望む世界の圧倒的な多数派（マジョリティー）は、オバマジョリティーと呼ぶべきだ」と大統領を讃え、原爆症のため一九五五年に十二歳で亡くなった佐々木禎子さんが、回復を願って折り続けた鶴の一羽を掲げ「核兵器の被害に遭った子たちが鶴を折ることが、これ以上ないようにしなければならない」の言葉で訴えたという。

核不拡散条約再検討会議の準備委員会というのは、名前を揃えての単なるセレモニーではない。それは本来、核廃絶のための実質ある討議をする場所ではないか。その場所において、核廃絶に関して他を以っては補うことのできないポジションにいるはずの両市長が、まさにセレモニー用の挨拶をしたのである。

広島、長崎の両市は、そこがアメリカによってアウシュビッツの地とされた街ではないか。無辜の何十万もの人が虐殺された地だ。オバマ大統領が道義を持ち出した絶好の時に、原爆がその爆発によってもたらした非道義性にこそ言及すべきだった。それは単に「核兵器の被害に遭った子たちが、鶴を折ることがこれ以上ないようにしなければならない」というような、お定まりの生温い言い方をすることでは伝えられない。佐々木禎子さんは、被爆者の中では恐らく余り苦しまずに死んだほうだろう。しかし僅か十二歳で死なねばならなかった。では禎子さんに何の罪があったのか。何もない。日本に生まれたがゆえに、原爆を落とされて死んだ。まさに「原爆は日本に使う」の犠牲者だ。原爆は罪のない人を大量に苦しませて死なす悪魔の兵器だ。原爆投下は犯罪だとはっきり言うべきなのだ。佐々木禎子さんを持ち出しながら、肝腎のこの部分、犯罪だということ、それを言わないなら、禎子さんを持ち出す意味がない。広島市長ならそれを言える。彼が言わなかったら誰が言えるか。

原爆は本質的に非道義性を持つ兵器であり、それは、廃絶する以外ない。毒ガスですら禁止兵器になっているではないか。今アウシュビッツは非人道を糾弾する地になっている。しかし広島、長崎は非人道糾弾の地になっていない。人間の良心に対する当然の要求として、広島、長崎は、いや日本は、核廃絶を今こそ世界に求めるべきなのだ。実質的な内容を持たない大統領の演説に、単に拍手して「被爆地は感動に包まれた」などと言っていてはいけないのだ。しかし——と私はこの時急に思い付いた。しかし、ひょっとするとオバマ大統領は「ハイドパーク覚書」のことを知らないで言っているのかもしれない。それなら彼に今、それを教える親切を両市長は持つべきではないか。

私は両市長についてこう考えていると、更にふと、両氏もまた「ハイドパーク覚書」のことをきちんとは知っていないのかもしれない、と気付いた。私は二〇〇四年秋、広島平和記念資料館を訪れた際、該当する展示コーナーの説明文に、「ハイドパーク覚書」という文字自体は無かったものの、その事実のほうは述べられているのを見て、安心して帰った記憶がある。私はその時のノートに、展示の和文、英文両方を筆記していた。

原爆はドイツでなく日本　The Atomic Bomb Would be Used on Japan, not Germany

一九四三（昭和一八）年五月、アメリカの軍事政策委員会で原爆投下地点について意見が交わされ、「トラック諸島の港に集結した日本艦隊が最も望ましいだろう」という意見が大半を占めました。一九四四年九月一八日には、ニューヨーク州のハイドパークで行われた会議で、アメリカとイギリスの首脳は、「原爆を日本に対して使用するかもしれない」と合意しました。

In May 1943, a meeting of the U.S. Military Policy Committee discussed the subject of where to use the bomb. The dominant view was that "its best point of use would be on a Japanese fleet concentration in the Harbor of Truk." At the Hyde Park meeting in New York

on September 18,1944, the U.S. and British leaders agreed that the atomic bomb might be used against Japan.

両市長は当然これを見ているはずだ。だから原爆が、ドイツでなく日本にだけ使われたことは知っているはずだ——と、ここまで考えた時、私はひょっとすると両市長が「原爆はドイツでなく日本」というのを、単に事実の羅列として見ていただけかも知れないと気付いたのである。私は「ハイドパーク覚書」について前もって予備知識を持っていたから、資料館の展示を見てすぐに、日本が差別されたあの決定が書かれているな、と分かったけれども、初めてこの展示を見た人は、この展示文だけでは、歴史の年表を見るのと同じく、戦争の経過、事実の前後関係の確認、決定された事実の表示、としてだけ眺めたとしても不思議はない。私は、両市長にハイドパーク覚書のことを話す必要があると思った。では、その覚書の意味するところをどう書くか。

私には新聞社に投書してボツになった原稿が一杯ある。それらは字数が制限されているが、一応、内容は整理されている。それをコピーして送れば、手紙で長く書くよりも、短く簡単にまとめて話が伝えられるかもしれない。これなら直ぐやれる。

私はずっと前から新聞社に度々投書をするようになっていた。自分の意見を発表する機会を持たない庶民にとっては、新聞は恐らく唯一、意見を送れる場であろう。新聞は、表向きには庶民のそういう声を吸い上げるためとして、紙面を提供している。朝日の「声」、読売の「気流」、毎日の「みんなの広場」、産経の「談話室」等。しかし新聞社は一体、どういう基準で採用、不採用を決めるのだろうか。私の書くものは、ことごとく不採用だった。それは特定の新聞社の意向に添わないから、という理由のためかと、私は同一文章を次々に各新聞社に送ってみたが、やはり不採用であることに変わりなかった。

新聞の投書欄へ送られる原稿に、不採用が当然というようなものが沢山あるのは、私も知っている。分かり切ったこと、言い古されたこと、どうでもいいようなこと、独りよがりの意見、新聞記事をなぞっただけのもの、内容に価値のないもの等々。私は、価値のある問題についてオリジナルなことを書いた積りだったが、すべて落とされた。それでは新聞の投書欄が難関かというとそうではない。実際投書欄を見ると、大したことのないようなものが多く載っている。そうなると審査はどうなんだ、と疑問に思う。もちろん審査は新聞社の社員がやるわけで、それに文句はつけられない。新聞社は一つの企業なのだ。しかし新聞は社会の公器でもあるはずだ。これが学会誌なんかだと、価値とオリジナリティだけを言えばいいはずだが、と私は何年もの間、ことにハイドパーク覚書のことを投稿する度に、それを強く思った。

私は、ハイドパーク覚書は価値のある問題であり、しかも誰もそれについて言わないから、自分の投書はオリジナルのはずと思っている。しかし落とされる。私は、この問題で、新聞社が正しいとは断じて思っていない。核廃絶の問題の重要さ、それにハイドパーク覚書が本質的に関わっている点、にもかかわらず現在これが一向語られず人々が知らない点、そこへ私が投稿するわけだから、新聞社は歓迎して然るべきなのである。しかし落とす。そこには邪悪な魂胆があるとする以外、解釈の仕様が無い。邪悪な魂胆とは新聞社の利害関係か何かだろう。新聞社は核廃絶と私的な利害とを秤にかけている。こんなことが世の中、許されるのかと私は烈しく思う。

オバマ大統領のプラハ演説が報ぜられた後、私は新聞社にハイドパーク覚書のことを何度も投書した。朝日、読売、毎日、産経、それに中国新聞にまで投書した。オバマ大統領が道義を持ち出したので、ハイドパーク覚書は絶好の核廃絶への切り口となるはずだと考えたのだ。しかしそれらもすべてボツだった。朝日新聞には「私の視点」という少し長く書ける投書欄もある。そこへも何度も投稿したが、これも必ずボツになった。両市長に送ることになった原稿として、私はこれら、日の目を見なかった投稿文から二通選んだ。

ここに載せるのは、短いほうの投書の一つである。それは、今までに述べたことの繰り返しのような内容だが、各新聞社に送ったほぼ共通の投稿文でもある。

二〇〇九・四・一三

原爆の非道義性こそ廃絶の原点

オバマ米大統領が「核廃絶は核使用国の道義的責任」と説き、初めて道義の言葉が使われたが、

核廃絶は最初から道義の問題である。

原爆使用が最初に決められたのは一九四四年九月。まだ日独ともに米英等連合国の敵だった時だが、米英首脳は「原爆は日本に使用」とした。

原爆はドイツの開発を恐れた米英が先んじて作った対独兵器である。しかし兵器だから日本に使って不思議はない。不可解なのは「原爆はドイツに使用」を外したことだ。これは軍事決定ではない。政治決定だ。なぜ政治が軍事に入ったか。

それを解くには当時、米本土でなされた政治決定を見ればいい。独系米人は普通の市民だったが、日系米人は「強制収容」され、人間として扱われなかったのだ。

この二つの政治決定から全容が見える。「原爆は、普通の人種の国には自主規制するが、差別人種の出身国には使う」

原爆は、対独兵器から容易に邪悪兵器に転じた。この点こそ今、議論の原点とせねばならないのだ。

もう一つの添付資料は「私の視点」への投稿文で、同じ趣旨を少し詳しく書いている。私はこれらを添付ファイルとして両市長へ手紙を送った。手紙はほぼ同文だが、広島の秋葉市長には少し前から手紙を送っている分、長くなった。

二〇〇九・五・一二

広島市長 秋葉忠利 様

今日差上げる手紙はご不快だろうと思いますが、お許し下さい。私は二年前、原爆問題はハイドパーク覚書から始めないといけないと、メールを差上げ、「関係部局に送る」とのご返事を頂き、奇異に思いました。これは普通の市長のやり方です。私は、秋葉さんは数学者だし、数学者は根本から考えるから、ハイドパーク覚書のことは無視されないだろうと思っていたのです。ところがそうではない。この後も、広島の原爆の日に語られる市長の言葉は、毎年の通常のものと同じでした。

そこに先日、オバマ大統領の核廃絶は道義の問題との発言がありました。原爆はまさに道義の問題です。それは、オバマ氏の言うような核廃絶運動についてというより、原爆使用そのものが道義に反する、という本質的な意味においてです。原爆投下は軍事でなく犯罪なのです。これを被爆国は言うべきです。その説明として書いたもののコピーをお目にかけます。添付資料としましたので、ぜひご覧下さい。

失礼の段、お詫び致します。しかし被爆国民として、また人間として何をなすべきかで私は間違っていないと思うので、敢てお話ししました。

長崎市長から返事は来なかったが、広島市長からはメールが届いた。

電子メールありがとうございました。早速読ませていただきました。いただいた御意見は関係部局にも送り、回答させていただきます。取り急ぎ御礼まで

二〇〇九・五・一九

広島市長　秋葉忠利

私のメールは市長に不快の手紙のはずだったし、市長は多忙のはずでもあり、とにかくこれには恐縮した。しかし市長はまたも関係部局から回答させるという返事だ。市長本人に問うた問題であるのに、それを事務処理しようというのか。

数日たって、広島市市民局国際平和推進部の平和推進課長という人から、役所の返答としては長いメールが来た。しかし、なるほど関係部局から回答させるというのは、こういうことかと思わせる内容である。

二〇〇九・五・二二

岡井敏様

拝啓　このたびは、市長宛に電子メールをいただきましてありがとうございます。

いただいた電子メールは市長も拝読しておりますが、公務多忙のため直接お返事を差し上げることができないため、当課よりお返事をお送りします。

さて、「世界唯一の被爆国である日本は、ハイドパーク覚書を取り上げ、日本に原爆が落とされたことの犯罪性を指摘して核廃絶運動を行うべきである」というご意見について、本市の考えを説明します。

本市は、六十四年前の被爆体験を原点に、核兵器の廃絶と世界恒久平和の実現を訴え続けてきました。核兵器は、大量破壊・無差別殺りくを引き起こし、さらに、放射線被害という形で将来にわたって人々を苦しめる残虐で非人道的な兵器であり、いかなる理由であっても決して正当化できるものではありません。

原爆の非人間性と「この世の終わり」を自ら体験した被爆者の多くは、「核兵器は絶対悪」であり、「こんな思いを、他の誰にもさせてはならない」という強い信念を持つに至り、核兵器廃絶と世界恒久平和の実現を訴え続けています。これは「和解」の精神を具現化しています。「和解」とは憎しみや暴力の連鎖を断つことであり、それが真の平和に繋がります。そもそも世界の歴史を見ると、対立や抗争を続ける国家や民族がお互いの非を指摘し謝罪や見返りを求め、戦争に発展した事実もあります。被爆者は、人類を敵対関係の枠組みの中でとらえるのではなく、また、国際社会を敵対関係の集まりとしてではなく、一つの家族として、あるいは、一つの単位としてとらえ、人類全体を視野に入れた考えの中で、和解という新しい世界観を示してきたのです。

このように、本市といたしましては、原爆投下国に対して責任を追及することに力を注ぐよりも、二度とヒロシマの悲劇を繰り返さないよう、核兵器のない平和な世界を実現するために努力することがとても大切であると考え、米国を始めとする世界の人々に被爆の実相を伝え、核兵器廃絶と世界恒久平和を実現するための様々な取組を行っております。

なお、ご意見にありますように、昭和十九年（一九四四年）にアメリカのルーズベルト大統領とイギリスのチャーチル首相がニューヨーク州のハイドパークで極秘に会談した時の合意文書であるチューブ・アロイズの覚書には、「『爆弾』が最終的に使用可能になった時には、慎重な検討の末、ことによると、日本に対して使用するかもしれない」と記載され、日本への原子爆弾の投下の可能性は示していますが、その根底にある政治的思想や意図までを確認できる内容ではなく、そのことを根拠に核兵器廃絶を訴えることは難しいと考えています。

本市としては、核兵器廃絶を訴える際には、締約国に核軍縮に向けた誠実な交渉義務を課している核不拡散条約（ＮＰＴ）第六条や国際司法裁判所（ＩＣＪ）の「核兵器の威嚇又は使用は一般的に国際法に違反する」との勧告的意見を基に核兵器の違法性を訴えることがより説得力を持つと考えており、毎年八月六日に市長が発表する平和宣言や核不拡散条約（ＮＰＴ）再検討会議準備委員会などにおける市長の平和に関する発言も、一貫してこうした認識に基づき行っています。

本市はこれからも核兵器廃絶と世界恒久平和の実現に向け努力してまいりますので、ご理解、ご協力を賜りますようお願いします。最後になりましたが、今後ますますのご健勝とご活躍をお祈りします。敬具私の申し入れの趣旨は間違いなく理解された。私の意見は「世界唯一の被爆国である日本は、ハイドパーク覚書を取り上げ、日本に原爆が落とされたことの犯罪性を指摘して核廃絶運動を行うべきである」と、確かに正しくまとめられている。しかし返信の本文内容としては、この私の意見は絶対に受け入れないという姿勢を、明確にしたのだ。

回答書は出発では、核兵器は残虐で非人道的な兵器であり、絶対悪であるから、核廃絶を訴える以外ないという立場をとった。ところが突如、何か宗教集団の説教のような変貌をして、核廃絶を訴えることは、和解の精神の現れに他ならないと説く。そして和解とは敵対関係でないから、原爆投下国に対して責任を追及することに力を注ぐべきでないとした。またハイドパーク覚書は、日本への原爆投下の可能性を示しているだけであって、その根底にある政治的思想や意図まで確認できない、として思考も停止させた。つまり、なぜドイツに対して原爆を使用しないのかは、考えるべき問題でないというのだ。

しかし、確かにいくら、「原爆は日本に対して使用」としかハイドパーク覚書に書いてないとしても、それが「日本に使用、ドイツに不使用」の意味であることは、平和推進課長も分かるだろう。日本とドイツは米英にとって同じ敵国なのだから、この差別がおかしいことも分かるだろう。「日本に使用、ドイツに不使用」が兵器の普通の使い方でないとも分かるだろう。兵器を普通のやり方で使わないということは、そこに政治的な意図が無ければならない。そして、その意図の根底に対日本と対ドイツの差が何かある、ということも分かるだろう。それは何か。対日本と対ドイツの差と言っても、土地についてなんかでは、差は生じない。差別するとすれば対人間になる。日本人とドイツ人との差別だ。そして米英は当時、自分たちの国で日系人をドイツ系人から差別していた。論理をたどれば、人種問題に到達する。どうして平和推進課長は「その根底にある政治的思想や意図まで確認できない」と言うのだろうか。かりに意図が確認できないとしても、その議論はすべきだ。しかし議論すら彼は封じている。

広島市当局は、最初から核問題などそっとしておいて、風波を立てないようにすることのみを念願しているのだ。私は広島の平和記念公園の碑を思い出す。

「安らかに眠って下さい　過ちは繰返しませんから」

私はこの意味が分からない。英訳を見ると、「過ちは繰返しませんから」の主語は、「われわれ」となっている。

"Let all the souls here rest in peace; For we shall not repeat the evil"

これは、戦後間もなく東久邇宮首相が唱えた「一億総懺悔」そっくりだ。それは戦争責任追及をかわす言葉だったし、実際、日本では戦争責任の追及は行われなかった。このやり方が日本人の気質に合っているのだろう。しかし今、原爆の問題まで、同様にしてはならない。犯罪性は追及しなければいけない。そうしないと核廃絶がぼかされる。

私は無駄だと思ったけれども、平和推進課長に以上の点から問うた。そして論議が途切れないように、事務的な問題を一つ付け加えた。それは「ハイドパーク覚書」の広島市の訳文に関するものだ。『爆弾』が最終的に使用可能になった時には、慎重な検討の末、ことによると、日本に対して使用するかもしれない」の中の、「ことによると」が非常に起こり難い場合を考えているような感じで、米英は、そんなに原爆を使用する気が無かったのかと、気になった。それで、分かったら原文を教えてほしいと頼んだのだ。私は、一点だけをお尋ねしますと書いた。それほど通信が切られることを私は危ぶんだのだが、意外にも返事はすぐ来た。

二〇〇九・五・二九

拝啓　メールを拝読いたしました。「ハイドパーク覚書では、なぜ原爆を日本に使用することになったのか、なぜドイツを原爆の使用対象から外したのか」というご質問について、ご説明します。

以前、お答えしましたとおり、昭和一九年（一九四四年）にアメリカのルーズベルト大統領とイギリスのチャーチル首相がニューヨーク州のハイドパークで極秘に会談した時の合意文書であるチューブ・アロイズの覚書に記載されている内容は「『爆弾』が最終的に使用可能になった時には、慎重な検討の末、ことによると、日本に対して使用するかもしれない」というものであり、この文章だけでは、その背景となる政治的思想や意図までを確認するのは難しく、なぜ原爆を日本に使用することになったのか、なぜドイツを原爆の使用対象から外したのかについては、本市は把握しておりません。

なお、チューブ・アロイズの覚書の原文（該当部分の抜粋）は次のとおりとなっていますので、参考までに記載しておきます。

"When a 'bomb' is finally available, it might perhaps, after mature consideration, be used against the Japanese."

本市はこれからも核兵器廃絶と世界恒久平和の実現に向け努力してまいりますので、ご理解、ご協力を賜りますようお願いします。最後になりましたが、今後ますますのご健勝とご活躍をお祈りします。敬具

やはり何も答えてくれなかった。平和推進課長は同じことの繰り返ししか書いて来ない。しかし、それより、ハイドパーク覚書の原文が書かれていて、それには **"be used against the Japanese"**「**日本人に対して使用**」となっているのに、私は実に驚いた。見間違いでないかと眼を開き直したほどだった。いや、**Japan** でなく確かに **Japanese** となっている。これは日本人が書き写し違えたのか。そうとは思えない。文章全体も、どう見てもきちんとした英文だ。これは日本国人しか書けない文章のように思われた。それにしてもルーズベルトとチャーチルとが、「原爆を日本に使う」としたのでなくて、「日本人に使う」とこんなことまで言ったのかと不安にもなっ

た。普通、「日本人に使う」などと、妙な言い方はしないだろう。ことに海千山千の政治家、大政治家が本当に言ったのか。もし本当にそうだとしたら——原爆は何と、目標を日本国でなく日本人に向けたのである。日本人を殺せ、それが目的だと言っているのだ。ルーズベルトとチャーチルが牙をあらわにして、日本にアウシュビッツを作ろうと約束したのか。

しかしこの「日本人に対して」が本当なら、私は随分、楽になる。矢張りそう言ったのか。私は何年も前からそんな予感を持って進んでいたのだが、私は正しかったのだ。「日本に対して」から出発して、実質は「日本人に対して」の内容なんだ、とそこまで持ってくるために、私は文章を重ね、説明を重ねて来たのである。そんな手間が一挙に不要になる。楽になる。平和推進課長とのやりとりでも、より具体的になった「日本人に対して」の記述に基づいて、「その背景となる政治的思想や意図まで」をもう一度、問える。しかしこれは最早、平和推進課長と議論すべきことではない。私は、問題を英文の点だけにしぼって問うた。それは広島市が"against the Japanese"と知りながら「日本に対して」としていることである。何で広島市は誤訳を守ろうとするのか。

二〇〇九・六・九

平和推進課長 殿

英語の原文と訳文とを見せて頂きました。

When a "bomb" is finally available, it might perhaps, after mature consideration, be used against the Japanese.

「『爆弾』が最終的に使用可能になった時には、慎重な検討の末、ことによると、日本に対して使用するかもしれない」

"against the Japanese"は「日本人に対して」でなく「日本に対して」でしょうか。

お仕事の邪魔になるようなことは慎みたいと思いますが、上記の一点についてだけ、ご返事いただけませんでしょうか。

岡井敏様

二〇〇九・六・一六

電子メールを拝読いたしました。チューブ・アロイズの覚書で、"against the Japanese"はなぜ「日本人に対して」でなく「日本に対して」なのでしょうか、という御質問について、お答えします。

広島平和記念資料館では、「原子爆弾」というタイトルの展示コーナーを設け、原子爆弾が広島に投下されるまでの経緯を解説しています。その展示では、なぜ日本に投下することを決めたのか？を説明するために、「チューブ・アロイズ」の覚書を引用しているものであり、「日本に対して」と表記していますので、御理解いただきますようお願いいたします。

広島市平和推進課長

「日本に対して」の出所は、広島平和記念資料館だったのか。私は早速、資料館に問合せのメールを出した。

広島平和記念資料館 御中

二〇〇九・六・一六

ハイドパーク覚書の原文を広島市平和推進課とのやりとりで知りました。

"When a 'bomb' is finally available, it might perhaps, after mature consideration, be used against the Japanese."

これに対する広島市平和推進課の訳文は下記の通りです。

「『爆弾』が最終的に使用可能になった時には、慎重な検討の末、ことによると、日本に対して使用するかもしれない」

"against the Japanese" は「日本に対して」でなく「日本人に対して」のはずです。なぜ「日本に対して」なのか再度尋ねると、平和推進課長のご返事は、広島平和記念資料館の覚書引用で「日本に対して」となっているから、とのことでした。

そこでお尋ねします。ここのところは非常に大事な問題です。なぜ "against the Japanese" を

「日本に対して」とされるのか、お教えください。なお付記すると、展示の説明文では「原爆はドイツでなく日本」"The Atomic Bomb Would be Used on Japan, not Germany."となっていました（二〇〇四年十月に見学）。ハイドパーク覚書で"against the Japanese"となっているのに、展示では、どうして「日本、ドイツ」と国名に変更されたのでしょうか。ぜひお答え下さい。

私はこれを出してからも思わぬ展開に喜んで、この段階で早々と色々なところに宛ててこのことについて書いた。それは広島・長崎両市長とか新聞の投書などだ。しかし、これをビッグニュースと受け取るところなど、どこも無かった。反応はゼロだったのである。

これで分かるように、喜んだと言っても安心できたわけではなかった。とにかく原文が唯一の頼りで、ここが間違っていては、すべてが崩壊する。私は、他に原文を調べる道として『分割された領土』の著者、進藤栄一氏に尋ねられないかと思った。岩波書店の現代文庫編集部が取次いでくれるかも知れない。私が、電話、メールなどで連絡をして何日かたった朝、思いがけず進藤氏から電話がかかって来た。進藤氏は、岩波に私が送ったメールで、もう用件は十分分かっていて、私が余り説明するまでもなく、簡単に「"be used against the Japanese"なら『日本人に対して』ですね」とむしろ、あっけなかった。そして私が広島市平和推進課の「原文」が本物であるかどうか、心配していると付け加えても

「いや、大丈夫でしょう」

とこれも簡単だった。私は進藤氏が原文のコピーを持っていないかと期待したのだが、それは無いような様子だった。しかしともかく、進藤氏からは、得られる範囲での情報を早々に得て、私は『分割された領土』の著者からある程度の保証をされたと思った。ただしその著者があのようにあっさりしているのも意外だった。世の中は全くこの問題に関心が無いのか。私といえば、広島平和記念資料館に送った問合せのメールを度々取り出して見直していたほどだったのである。

しかしそんな中、資料館からの返事はなかなか来なかった。それでも私は「原爆は日本人に対して使用」が正しい記述であろうと段々確信を強めていたので、それが確かめられると思える場合は、どんどん処理して行って脇から固めよう、という気になっていた。すぐ思いつくのは、一九九九年八月の朝日新聞の原爆に関する「年表」だ。私は新聞のスクラップブックを持ち出してメールを書いた。

朝日新聞 御中

古いことで恐縮ですが、教えていただけませんか。一九九九年八月一日、第9面、「原爆 なぜ投下された」の左側に「原爆投下の経緯とその時代」として年表があります。そこに「一九四四年九月十八日　ルーズベルト大統領とチャーチル英首相が会談し、米英の最高機密として原爆開発協力を継続することに合意（ハイドパーク覚書）。『たぶん日本に使用』と言及」

とありますが「たぶん日本に使用」は「たぶん日本人に使用」ではないでしょうか。
私は最近この部分の原文を広島市 市民局 国際平和推進部 平和推進課から入手しましたが、それによると
When a "bomb" is finally available, it might perhaps, after mature consideration, be used against the Japanese.
だそうです。"Against Japan" ではないのです。会談で両首脳は、どうも国より国民のことが頭にあったようで、この記述になったのではないかと思われ、見逃せない点になっています。新聞のこの特集は「原爆投下」取材班によるもので、紙面には取材班の方々のお名前も載っています。
上記原文の確認と、正しい訳と、なるべく早くご連絡お願いできないでしょうか。

二〇〇九・七・七　　朝日新聞広報部

岡井 敏様

私は、新聞への投書の経験から見て直ぐに返事は貰えないだろうと思っていたが、その通りだった。これは資料館と同じだが、とにかく朝日、資料館と並列的に進めて行かなければいけない。朝日新聞に電話で問合せの窓口を聞くと「お客様オフィス」というのがあるという。私はそこにメールを送るとやっと三度目に返事が郵送されて来た。

冠省　一九九九年八月一日朝刊掲載の記事「原爆、なぜ投下された」に関するご質問をメールでいただきました。編集局より、次の回答がありましたのでお伝えします。

ご指摘の通り、ハイドパーク覚書（または、ハイドパーク協定）を直訳するならば「日本に使用」よりも「日本人に対して使用」になります。ただ、多くの研究者の評価では、この覚書の歴史的・政治的意義として、「日本人に対して使用する」ということよりも、投下目標が「当初の狙いだったドイツではなく、日本に変わった」ことに力点が置かれていました。弊社の記事は、覚書には何が書かれていたかを端的に知らせることを目的としたため、「日本に使用」という表現にしました。

「日本人に使用」と書かれた文献があるかもしれません。ご存じでしたら、ご教示いただければ幸いです。弊社は今年も八月六日と九日の広島、長崎の原爆忌に向け平和・核問題についての取材を進めており、ご指摘を参考にさせていただきたいと思います。

朝日新聞がこういう調子で回答するだろうとは、十分予想できた。直ぐに間違いを認めるぐらいなら、さっさと返事を寄越したはずだからだ。それにしても「直訳するならば『日本に使用』よりも『日本人に対して使用』になります」には恐れ入った。この場合「直訳」以外、「意訳」などあるはずがない。「直訳」が正しい訳なのだ。はっきり、正しい訳は「日本人に対して使用」だと言うべきだ。しかし朝日新聞は未練がましく、多くの研究者の意見では、覚書では「投下目標が当初の狙いだったドイツではなく、日本に変わったことに力点が置かれていた」のだと言う。本当に研究者たちはそう思っているのだろうか。それなら彼等は一体、何を研究しているのだろうか。覚書が「投下目標が、当初の狙いだったドイツではなく、日本に変わったことに力点を置いた」ものなら、疑いも無くルーズベルトとチャーチルは、わざわざ「日本人」の言葉なんか持って来ずに、「日本に使用」と書くにきまっている。「日本人」と書くからには、別に意図があるからだ。

朝日新聞が一九九九年に覚書の原文をきちんと確かめないで年表を書いたのは、ウッカリで済ませる。しかし今になってもまだ「弊社の記事は、覚書には何が書かれていたかを端的に知らせることを目的としたため、『日本に使用』という表現にしました」と言うなら、罪は重い。新聞は真実を報道することが使命であるのに、それをしないなら、新聞は使命を失う。「覚書には何が書かれていたかを端的に知らせることを目的」とするからこそ、正しく「日本人に使用」と書くべきだ。日本の軍艦、軍事施設、日本軍、軍事工場、日本人、それらすべてを含む「日本」でなく、その中の一つだけの「日本人」を取って、「原爆は日本人に使用」と覚書は言ったのだ。「端的に知らせ」なければいけないのは、まさにこの点なのだ。

私は以上のことを朝日新聞に書いたけれども、もちろん返事は来なかった。

さて広島平和記念資料館の方だが、私が最初に問合せのメールを送ったのが六月十六日で、六月中は音沙汰が無かった。私は、六月は朝日新聞に対しても資料館に対しても待機の姿勢だったのだ。七月になって待ちくたびれてインターネットで広島平和記念資料館のホームページを開いてみた。そこには原爆投下について、まず次のように書かれていた。

なぜ日本に投下することを決めたか？

一九四三（昭和一八）年五月、アメリカが原爆投下の対象に想定していたのはドイツではなく日本でした。翌年九月、アメリカとイギリスの首脳は日本への原爆使用を合意しました。一九四五年春以降、日本の戦況が圧倒的に不利な中、アメリカには長引く戦争を終結させるための手段として、一九四五年一一月に予定していた日本本土上陸作戦のほか、ソ連への対日参戦の要請、天皇制存続の保証、原爆の使用という選択肢がありました。こうした状況の下、原爆投下により戦争を終結することができれば、戦後のソ連の影響力が広がるのを避けられ、また膨大な経費を使った原爆開発を国内向けに正当化できるとも考えました。

そして更に検索してみると、個別の説明ルートとして「よくあるお問い合わせ」に始まって「原爆」「原爆投下」があり、それをたどって行くと、ハイドパーク覚書のことが出ていた。これは資料館の展示文と同文だ。

原爆使用はドイツではなく日本

一九四三（昭和一八）年五月、アメリカの軍事政策委員会で原爆投下地点について意見が交わされ、「トラック諸島の港に集結した日本艦隊が最も望ましい」という意見が大半を占めました。一九四四年九月一八日には、ニューヨーク州のハイドパークで行われた会談で、アメリカとイギリスの首脳は、原爆を「日本に対して使用するかもしれない」と合意しました。

便利なことに、ウェブサイトは、誰からも質問が受け付けられるように組まれていた。これは都合がいい。私は早速「お問い合わせの件名　ご記入欄　E-Mail アドレス　お名前　TEL　FAX」というのに記入してボタンを押すと、自動応答的に「メール送信確認」の返信が送られて来た。そこには私が書いたばかりの質問文がきちんとコピーしてある。

広島平和記念資料館はこんな几帳面な受け付けをするのに、返事は寄越さなかった。またも催促のメールを送らねばならない。私は、資料館長宛として、これは原爆の根幹にかかわる非常に重要な問題であり、また広島平和記念資料館の根幹にもかかわると書いたので、その効果があったのか、その返信は早かった。

二〇〇九・七・一四

メールのご返信が遅くなり、お詫び申し上げます。

広島市役所の平和推進担当課から入手された覚書の原文はJapaneseとあるのに、当館の展示においては、Japanを使用しているのはなぜかというお問い合わせですが、資料館展示という性質上、より簡潔に説明するため、国名に統一して、表現しております。よって、原文のJapaneseではなくJapanを使用しております。

当館の展示。（略）よろしくご理解ください。

広島平和記念資料館

そして郵便でもほぼ同文の回答が来た。担当は大瀬戸氏という。しかしこれらの返信は何も答えないものという他なかった。私はまた長い再質問文を送った。そして何時ものことながら回答が無いから、早めに何通か催促のメールを送り、大瀬戸氏には電話もかけた。

二〇〇九・七・二九

広島平和記念資料館 御中

再質問にまだご返事がありません。問題は、the Japaneseを「日本」と誤訳したのを「日本人」と訂正して下さい、という全く簡単なものです。「日本」を「日本人」にするだけですから、技術的に一字追加するだけの問題です。しかも誤訳を訂正するのですから、誤植訂正と同じく特別の許可を必要とするはずのないものです。そんな簡単なことに何でこんなに時間がかかるのですか。もう一週間も経っています。その説明も含めて至急ご返事下さい。

大瀬戸正司様

二〇〇九・八・五

貴重な時間です。問題点をしぼりましょう。次の二点にだけお答え下さい。
(一)"against the Japanese"を「日本に対して」と訳して誤訳でない語学的理由。
(二)"against the Japanese"で「日本に対して」に固執しなければいけない理由。
余計なことが入ると問題点がぼやけます。余計なことは書かないようお願いします。なるべく早くご返事下さい。

こうした後、やっと八月十三日、大瀬戸氏から返事が来た。そして読んでいくと何とハイドパーク覚書の複製が資料館に展示されていて、原文を読むことが出来るとあるではないか。

岡井敏様

二〇〇九・八・一三

前略　広島平和記念資料館の大瀬戸です。先日は、お電話・電子メールをいただき、ありがとうございました。回答が遅くなりましたことをお詫び申し上げます。

岡井様からいただきましたお手紙や電子メールは、館長も読ませていただいています。改めて、展示を担当している私から、七月二一日付けのお手紙ならびに八月五日付けの電子メールに回答いたします。（中略）

当館が執筆した解説文の基礎となる資料「一九四三年五月五日の軍事政策委員会政策会議の議事録」及び「一九四四年九月一八日のチューブ・アロイズの覚書」は、いずれもその複製を展示しており、それぞれ原文を読むことができます。

「the Japanese」は、一般的には「日本人」と翻訳される表記ではあります。しかし「チューブ・アロイズの覚書」は、アメリカが原子爆弾を「なぜ日本に投下することを決めたのか？」を説明する資料の一つとして展示しているため、ご指摘の"against the Japanese"は「日本人に対して」でなく「日本に対して」と訳しています。

今後とも、当館の運営にご理解、ご協力を賜りますようお願い申し上げます。早々

大瀬戸正司 様

この回答の内容それ自身には意味がないが、私は、ハイドパーク覚書の原文が読めるというのには飛びついた。早速電話をかけたが、大瀬戸氏は留守だった。私は用件を伝えた後、念のためメールも送った。

お忙しいところご返事頂き有難うございました。

一つお願いがあります。留守電でお聞きになったと思いますが、「一九四四年九月十八日のチューブ・アロイズの覚書」の複製が展示されていて、原文を読むことができるとのこと、恐れ入りますが、その原文を電子メールで送っていただけませんか。原文だけで結構です。ご多忙でしょうから手紙を書かれる等のお心遣い、一切されませんように。英文だけが、素っ気なく載っている電子メールを送って下されば、それが一番有難いのです。よろしくお願いいたします。

二〇〇九・八・一三

岡井敏様

この申し込みに対して、返事はもう翌朝、つまり十四日の朝に着いていた。そして写真のコピーがカラーで見ることが出来た。ルーズベルトとチャーチルの赤インクの署名まである。確かに"be used against the Japanese"だ。大瀬戸氏のメールは語る。

二〇〇九・八・一四

おはようございます。広島平和記念資料館　大瀬戸です。昨日は、お電話をいただきありがとうございました。

当館で展示しております「チューブ・アロイズの覚書」の複製の画像を添付します。

テキスト化はしておりませんので、悪しからずご了承ください。当館のホームページでも公開しておりますので、ご覧ください。よろしくお願いいたします。

遂に得た原文コピー。私は長い模索の後、やっと絶対ゆるぎのない砦としての"be used against the Japanese"に達したのである。私は長い間、朝日新聞や進藤栄一氏のいう「原爆は日本に対して使用」は、「原爆は日本人に対して使用」の意味だと主張していたのだが、私の見る目は正しかった。私には参考資料も相談する人も無かったが、論理から言って「原爆は日本人に使用」でなければいけないと思って疑わなかったし、実際その通りだったから、私は、専門家が見抜けなかったことを自分は見抜いたのだとの自信を得ることも出来たのだ。

二〇〇九・八・一四

大瀬戸正司 様

有難うございました。お忙しいから無理か、と思いながら昼過ぎメールを見ると、何と早朝に送って下さっていたことを知りました。もう少し早く見ればよかったと思ったほどです。しかも覚書の全文、ボーアへの警戒の部分まで含めて、最後には FDR WCC の署名まで読み取れました。有難うございました。重ねてお礼申し上げます。

ハイドパーク覚書の原文が見られたお陰で、事情がより分かるようになった。文頭の〝Aide-memoire of conversation between the President and the Prime Minister〟の conversation に助けられて、米英巨頭の会話が浮かんで来た。「原爆は日本人に対してなら使っていいな」しかし私は、大瀬戸氏に感謝すると同時に、言うべきことは矢張り言わねばならなかった。

大瀬戸正司 様

二〇〇九・八・二一

八月十三日にご回答を頂きながら、個人的な事情で、それに対する私の考えをお送りするのが遅れてしまいました。その間、ハイドパーク覚書の写真を、メールで送っていただき、有難うございました。ただ残念ながら、それで私が、貴館のご主張を納得することが出来たかというと、そうではありません。これは私的な問題でなく、公的な問題です。そこで改めて「反論と要請」のメールを提出します。貴館の公式のご回答を下さるようお願い致します。

広島平和記念資料館 御中

二〇〇九・八・二一

反論と要請

（一）原爆を「なぜ日本に投下することを決めたのか」の問いに、単に「米英首脳が日本に投下することを決めたから」では答になっていない。『なぜ』米英首脳が日本に投下することを決めたか」の「なぜ」が語られねばならない。ハイドパーク覚書から生の会話が読み取れる。「爆弾は完成したら多分、日本人になら使ってもいいだろうな。もちろん熟慮は必要だが」との情景が浮び上がって来る。「なぜ」は「日本人の国だから」と語られたのだ。

(二)「日本人に対して」が原因で、「日本に対して」は結果である。すなわち原爆の対象が日本人、だから日本国に対して投下したのである。

ところが展示では「日本に対して」が原因で、その結果として「日本人に対して」原爆を使うことになった、であり、原因と結果が逆で、間違いの記述となっている。

(三)資料としても正しいのは"against the Japanese"であり、これを"against Japan"とするのは改竄である。

(四)「解説文」で原爆の目標はまず具体的に"a Japanese fleet concentration in the Harbor of Truk"となっている。だから次の目標は、米英首脳によって具体的に示された"the Japanese"でなければいけない。

(五)ハイドパーク覚書は歴史の一次資料であり、第一級の価値を持つものである。専門家の眼を通って来たはずの展示で、これが歪められて使われたのは、理解に苦しむ。どうしてこんな事が起ったのか、その過程は調査されねばならない。

以上の理由から広島平和記念資料館の解説文を「日本に対して」から「日本人に対して」と至

急、訂正されたい。

これに対する返事は長い間来なかった。その間に私は、資料館のホームページに大瀬戸氏から送られたのと同じハイドパーク覚書（チューブ・アロイズの覚書）の写真が載せられているのを見付けた。そして資料館がこれに添えた日本語訳（抜粋）を「日本人に対して」ではなく、わざわざ「日本に対して」と誤訳しているのも知った。

「『爆弾』が最終的に使用可能になった時には、慎重な検討の末、ことによると、日本に対して使用するかもしれない」

資料館は原文の対訳にまで平気で間違った訳を掲げているのだ。これにどう対応すべきか。

私が、「反論と要請」として公式の回答をと求めたからか、二十日ほど経って副館長からの返事が来た。それは例によって、どうしてこうも恥ずかし気もなく無意味なものを書いて来られるかというものである。

二〇〇九・九・九

岡井敏様

前略　この度は、大瀬戸宛に電子メールをいただき、ありがとうございます。

私は、大瀬戸の上司で、広島平和記念資料館副館長を務める国重と申します。これまで、岡井様からいただきましたお手紙や電子メールは、館長とともに読ませていただいています。

岡井様から当館への要請「『チューブ・アロイズの覚書』に記載されている"against the Japanese"を、『日本人に対して』と訳すこと」を受け、当館として検討しましたが、現行の展示とすることとしたものです。岡井様のお考えに対する当館の見解は、これまでに回答したとおりです。

「the Japanese」は一般的には「日本人」と翻訳される表記ではありますが、「チューブ・アロイズの覚書」は、アメリカが原子爆弾を「なぜ日本に投下することを決めたのか？」を説明する資料の一つとして展示しているため、ご指摘の"against the Japanese"は、「日本人に対して」ではなく「日本に対して」と訳しています。

今後とも、当館の運営にご理解、ご協力を賜りますようお願い申し上げます。　草々

広島平和記念資料館副館長　国重俊彦

資料館の回答がどんなものになるかは、大瀬戸氏とのやりとりから予想できた。そしてその予想は、時間の経過と共にどんどん悪くなっていったのだが、こういうものまで来るとは、私は考えなかった。これは改竄を展示の参考資料のハイドパーク覚書（チューブ・アロイズの覚書）の原文にまで押し通そうとするものだ。私は即座に再質問としてメールを送った。

二〇〇九・九・九

副館長　国重俊彦様

本日、八月二十一日にお尋ねしたことに対して、電子メールを頂きましたが、ちっとも答えておられません。

「『チューブ・アロイズの覚書』は、アメリカが原子爆弾を『なぜ日本に投下することを決めたのか?』を説明する資料」であると言われるなら、資料は正確であるのが当然です。その資料は"against the Japanese"と言っているのであり、"against Japan"ではないのです。資料と言いながら、改竄したものは資料ではありません。しかも、これを権威のある広島平和記念資料館がするのは、歴史を歪曲することになります。

「『the Japanese』は、一般的には『日本人』と翻訳される表記」と言われます。では伺います。「the Japanese」を「日本人」と翻訳しないで「日本」と翻訳した例があったらお教え下さい。「一般的には」でなく「必ず」ではありませんか。

「原爆は日本に使用」と言わずに「日本人に使用」となっていたら、その異常にすぐ気付くのが、歴史の資料を扱う人の感覚ではありませんか。「原爆は日本人に使用」となっていたら、ここは当然「日本」のはずだ、おかしい、となるのではありませんか。

「チューブ・アロイズの覚書」以前のこととしては、原爆の目標は"Japanese fleet"でした。それが"the Japanese"になった。軍事施設や軍事基地から人間になった。事実、以後、目標として検討されたのは、京都を初めとする日本の都市ばかりでした。方向転換、大問題ではありませんか。こういうことを元の資料から抜いてしまっていいのですか。「創作の資料」に置きかえていいのですか。軍事基地にしたって日本人にしたって、日本は日本、同じじゃないか、としていいのですか。それが資料ですか。それが歴史ですか。

広島で何十万もの人が殺されて、それで広島平和記念資料館もできたのに、その原点となった「日本人に対して」を資料館がボカしていいのですか。

このメールを出してから私は、資料館の態度からしてきちんとした返事を寄越すはずがないと気が付いた。せめて質問を一点に絞ったらどうだろう。二日後、私はまたもメールを出した。

副館長 国重俊彦様

二〇〇九・九・一一

簡単なことなのに、まだご回答をいただいていません。簡単のためただ一点だけに絞って質問します。

「against the Japanese」を「日本に対して」と訳すのは誤訳です。広島平和記念資料館は、誤訳をした上で、つまり内容を変えて、これが資料だ、となさるのですか。

資料館副館長は、この簡単な質問に対しても答えなかった。送って来たのは私に対する絶縁状であった。

岡井 敏 様

二〇〇九・九・一七

前略　広島平和記念資料館副館長の国重です。岡井様からの二通の電子メールを読ませていただきました。

岡井様のお考えに対する当館の見解は、これまでに回答したとおりです。当館の展示内容について、岡井様に理解いただけないことは誠に残念ですが、同じ回答の繰り返しとなりますことをご了承ください。

資料館は絶対答えないという構えを堅持する。ハイドパーク覚書が「原爆は日本人に対して使用」となっていると分かっても資料館は動かない。

しかし動かないのは資料館だけではない。新聞社は動かない。広島市も動かない。長崎市に至っては知らん顔だ。しかし、これはこれら機関に限った話ではない。日本中が知らん顔をするのだ。それを私はこの年、嫌になるほど知らされることになったのである。

三　ヒバクシャも「ハイドパーク覚書」なんかどうでもいい

毎年、夏になると新聞には戦争や原爆を振返っての記事が多くなるが、私が動き出した二〇〇九年も朝日新聞は「核なき世界へ——被爆国からのメッセージ」と題して、続きものの特集を組んだ。これは、被爆者あるいは核廃絶に深くかかわった人たちに発言させるシリーズである。そこには私もよく名前を見る人たちが登場した。

元長崎大学長、女流作家、漫画家、被爆医師、元広島市長、九大院准教授、この准教授は資料館の資料調査研究委員でもある。それに被団協代表委員、映画監督の諸氏。

これらの人たちは、まず原爆のすさまじさを語った。発言者自身が多く被爆者であり、肉親も亡くしているのだ。肉親が全身ケロイドで「熱い、痛い」と叫んで死んだ。それを火葬にすると骨が無く、白い粉しか残らない。足の無い人、黒焦げになって「水をくれ」と呻く人。折り重なる血みどろの肉の塊、死んだ赤ん坊をかかえた母親、この母親も髪が抜け吐血して死んだ。そして被爆医師は、六千人もの被爆者を診察したという。

これら諸氏が過去を語るのは、もちろん「核なき世界へ」を語るためである。そこでは原爆がアウシュビッツの虐殺と同質であることがまず述べられた——核兵器は最悪の人権侵害である。

核兵器使用は人道上の罪であり、国際法にも違反する等々。オバマ氏は道義を述べても原爆投下の責任を認めたのではない、との点も指摘もなされた。「米国民は依然として核兵器を持つのを正義としているのだ。しかし被爆者のほうは声を上げることは稀だが原爆投下を今なお許していない。米国は罪を償え。日本は核の傘から脱しなければならない」と多くの人が語った。

語られたのは、被爆者でなくてもわれわれ一般の日本人にとって、余りにも当然の主張だった。と同時にこれらは実は、これまでアメリカ人に語って聞かれなかった訴えの、不成功の記録でもあった。事実、語ったすべての人が、口惜しさをにじませて語り、その具体的な経験談も載せられていた。

元広島市長は、地方のアメリカ人有力者に「あなたの話は古い」と言われた後「私たちは今、イランを倒すために核兵器が必要と考えるのだが、あなたはどう考えるか」と問われ、最後まで話がかみ合わなかったと言う。広島平和記念資料館の資料調査研究委員は、アメリカで原爆展を開いた時、「原爆の被害を言うなら、加害者としての日本は戦争で何をしたか」と強く指弾されたという。日本被団協代表委員は「つらい目に遭ってきたけれども、体験を語る時は『泣き節』ではだめ、聴いてくれた人たちが『すべての命が大事』と考えてくれるようにしなければ」と思っていると言う。

これら、その思いが込められて記載されたのだが、結果として見れば、矢張りこれは、語ったことの効果が無かったということの記録なのである。アメリカ人を説得することが出来なかった。

言論戦で負けた。体験の語り部をしてもその場限りだ。語り部は、せいぜい「すべての命が大事」と思わせるくらいの間接的な影響しか出せない、との結論だ。

そこで私は言おう。この人たちは、なぜ言論戦で勝とうとしなかったのだろうか。なぜ論理で相手を屈服させようとしないのだろうか。私にはそれが分からない。まさか被爆国民として、お座なりに話をしてきたのではないだろう。何度も病院に入院して、生死の境をくぐり抜けて来た人たちだ。その人たち、イランの話にしても、もっときちんと対応すべきなのだ。アメリカは日本に対していい加減に核を使ったがゆえに、戦争もしていないイランに今、核兵器を使おうとするのだ。この不道徳さ。それを追及してなお、話がかみ合わない、というようなことがあるだろうか。

また、アメリカでの原爆展は「加害者・日本」との対比において、原爆の被害を展示したのではないだろう。原爆を今、禁止兵器にしなければいけないから、いま原爆の残虐性を訴えるのだ。原爆展の矛先はそこに向けられたはずである。加害者としての日本を反省するからこそ、これからの加害の途を断とうとする。それに対して、人間として何で文句がつけられるのか。それを言わなかったのか。そして、語り部の限界が分かったと言うなら、語り部は、なぜ体験談から出発して、原爆禁止に至る論理を展開しないのだろうか。

私は、こういう論争の出発点となるのが、ハイドパーク覚書だと思う。「原爆は日本人に使ってもいいだろう」の覚書。われわれは、この言葉を手放すべきでない。それは、ヒトラーがユダヤ人をアウシュビッツに集めて毒ガスを使うとした過去を、人類が記憶から消さないのと同じだ。ヒトラーにルーズベルトとチャーチルを対比させせよ。ヒトラーはユダヤ人を手玉にとった。ルーズベルトとチャーチルは日本人を手玉にとった。ヒトラーはユダヤ人を憎んだ。ルーズベルトとチャーチルは日本人を憎んだ。毒ガスはガス室のユダヤ人全員を残酷に殺す。原爆は投下点から何キロ以内の日本人全員を残酷に殺し、周囲の日本人を苦しませ徐々に殺す。原爆と毒ガスにどれだけの違いがあるというのか。ヒトラーと対比して、ルーズベルトとチャーチルにどれだけの違いがあるのか。アメリカとイギリスはこれに答えなくてはいけない。今イランに対して核兵器が必要と言うなら、これに答えてからにしなければいけないのだ。「毒ガス兵器は禁止兵器であるべきだが、原爆は禁止兵器とすべきでない」の非論理の主張を、核兵器必要論者は論理的に完全なものにして、それを答として出さなければいけないのだ。だがそんなことは核兵器必要論者だって不可能だ。だから原爆は禁止兵器となる以外ない。その根拠をハイドパーク覚書は提供する。私が、核廃絶の出発点がハイドパーク覚書であるべきだ、と主張するのはこのためである。

私は「核なき世界へ――被爆国からのメッセージ」で語った人たちに、日本人はこの主張をしなければいけないと、ハイドパーク覚書のことを書いて送った。もちろん、その人たちの住所は分からないから、新聞社気付とし、しかし、郵便切手添付の返信用封筒は添えた。ところが返事は一通も来なかったのである。新聞社が転送しなかったとは思えない。社の規則か何かで転送できないなら、切手まで貼ってあるし何通にもなるのだから、私に連絡してくるはずだ。しかしそれも無かった。もっとも私も、読者から手紙が来たからといって、そのすべてに返事を書くべきだとは思わない。だが、全員が申し合わせたように無言でいるというのは異常だ。それに手紙の内容というのは、その宛先の人、つまり新聞に発言した人に対して、その人の意見を扱っていて、しかも批判の通信である。それは、その人たちの意見が有効になるための建設的批判である。被爆国民として言わねばならないことである。どうしてそれに無関心でいられるのかと、私はまるで異人種の中に自分が放りこまれたような疎外感を覚えた。彼等は「核なき世界」を目ざさないのか。

しかし無関心でいるのは、この人たちだけではなかった。私は「原爆は日本人に対して使用」の問題を取り上げる必要があると、被団協、原水協、原水禁にも呼びかけたが、回答は得られなかった。これらの中には、インターネットのシステムのせいかメールが受け付けられないところもあって、そこには私は手紙で送った。しかし実は、回答されないのは予期したことでもあった。数年前から私は、「原爆は日本に対して使用」としたハイドパーク覚書をこれら反核団体に送っていたが、無視され続けたからである。私は、被団協の代表の人がニューヨークでスピーチを「ノーモア・ヒバクシャ」で結んだという記事を素直な気持で読むことは出来なかった。

そして、私が無視された事例はもっと多いのだ。私は、マスコミに登場して核廃絶を言う人を見つけると、核廃絶への有効手段として「原爆は日本人に対して使用」のハイドパーク覚書を語り続けて、すべて無駄だったのである。

　この年、ＮＨＫは夏に「ノーモア・ヒバクシャ」の番組で、核兵器廃絶の声を世界に向けて発信した。ある大学教授は、原爆神話の誤りや、核抑止力の幻想、核兵器所有希望国の誤った期待感について語り、被団協の人は、核兵器がどんなに恐ろしいものか、自分の手で明らかにしたいと語った。もう一人の発言者は、被害を語るだけでは効果がないが、ねばり強く言わねばならないという。別のＮＨＫの番組「被爆者からの手紙」では、新たに多くの被爆体験が語られた／兄が幽霊のような体で帰ってきた。ブラ下がった皮膚を父が鋏で切る。水を飲ませるか否か、家内中が枕元で喧嘩した。夜、兄は沢山の血を吐いて死んだ／青鬼、赤鬼の人間の姿。友人の胸を押さえるとズルリと皮がぬける。布団を田んぼの水で濡らして、それを絞って沢山の人に飲ませたが、しばらくすると皆死んでいた／介護する人も薬もなかった。空を指差し座ったままの死者／自分は救援に近郊から長崎に入ったが、二三日経って髪が抜けた。半年後、髪は生えたが腕が突然曲がって、以後動かなくなった等。

　この番組には著名な作家が招かれて、これらの手紙紹介の合間に作家は、原爆は落とす必要がなかったことなどを語った。しかし被爆者へのいたわりからか、彼がまとめのように言った言葉は、実に意外だった。

「日本の被爆者の手記には『これをやったのは誰だ。仕返してやる』これが無い。『他の人には、この苦しみをさせない。これで終りにしよう』というのが素晴らしい思想だ」

この時私はまるで反射のように「原爆は日本人に対して使用」のハイドパーク覚書を思い浮べ、それと対比させながら納得のいくまでこの作家と語ってみたい、と痛切に思ったのである。作家が、原爆の問題に長くかつ真剣に取り組んでいるのは、私も知っている。私も、仕返しが当然だなどとは思わない。しかし彼はハイドパーク覚書のことを知っているのだろうか。その上で、あの宗教的とも思える賛辞を被爆者に向けたのだろうか。

私は、作家にもあの大学教授にも、その他の登場者にもＮＨＫ経由で手紙を出した。そして、それらは矢張り梨のつぶてで、例の通り言ってみるだけだったのである。

実を言うと、私はこの他、新聞社の多くの記者に"against the Japanese"についてのメールを送った。近頃、新聞記事には執筆者名入りのものがあって、核問題などではそれが多く見られたから、私はそこに手掛りを求めたのである。私は本気で話をしたいと思ったから、ある場合はメールでなく手紙を使った。メールだと新聞社の窓口経由となって、人の目にふれてまずいかもしれないと思ったからである。しかしそれだけ気を使ったにもかかわらず、それらもすべて送りっぱなしだった。以前、別の色々な問題でだが、私は新聞社、放送局経由で返事を貰ったこともあるのだが、"against the Japanese"になると、人は殻を閉ざした貝だったのである。

四　原爆資料館への訴訟を試みて利用された

――味方が敵になった

私は自分がまったく孤立しているのを覚える。また無力であるのも覚える。では、つまらないことをしているのかと言えば、そうではない。重要なことを社会は知らない。それを知らせなければいけない。だが私にはまるで知らせる手段が無い。マスコミには撥ねつけられる。私がそれを語る相手になる人もいない。どうすべきか。

誰もがこの問題に無関心な時、今まで見向きもされなかった昔のハイドパーク覚書を、何かの方法で世の人に知らせようと言っても、それが無理なことは明らかだ。それは荒れ地での新築工事のようなものだ。しかし広島平和記念資料館の今の展示文は間違っている、と指摘するのだったら、補修工事のようなものだから難度は低いだろう。だが、それにどういう方法があるか。

私は、訴訟を起こすことを思いついた。裁判なら事実と論理だけの争いだから、無力者にも有力者にも公平な門となるはずである。とは言え、そのため、どこにどう頼めばいいのか。裁判で主張を述べるだけだったら代理人は要らないが、私は法律技術をまるで知らない。そこで弁護士に頼む以外ないのだが、私のは特殊な問題だから、普通の弁護士は引き受けてくれないだろう。

私はインターネットを検索してみた。まずこれは広島の弁護士でなくてはいけないだろう。しかしそういうやり方で調べていくと、私の目的に合う弁護士はなかなか見つからなかった。むしろ原爆問題とか反核団体とかから調べたほうがいいかも知れない。

そう思って探すと、インターネットの古い記事だが「原爆投下を裁く国際民衆法廷・広島」実行委員会というのがあって、事務局が「A法律事務所」となっていた。駄目で元々と、私はメールを送ってみた。

二〇〇九・九・七

A法律事務所 弁護士A様

突然手紙を差上げて失礼の段、お許しください。お名前はインターネットの「原爆投下を裁く国際民衆法廷・広島」実行委員会で拝見しました。私は、原爆関係の訴えをしたいと思っていますが、お力添えを頂けませんでしょうか。もちろん、これは普通の依頼事件として扱って下されぱいいのです。

内容は、広島平和記念資料館の展示の誤りの訂正を求めるものです。資料館のホームページを開くと、「よくあるお問い合わせ」↓原爆↓原爆投下理由↓「原爆使用はドイツではなく日本」とたどることが出来て、そこには次の説明があります。

「一九四三（昭和一八）年五月、アメリカの軍事政策委員会で原爆投下地点について意見が交わされ、『トラック諸島の港に集結した日本艦隊が最も望ましい』という意見が大半を占めました。一九四四年九月一八日には、ニューヨーク州のハイドパークで行われた会談で、アメリカとイギリスの首脳は、原爆を『日本に対して使用するかもしれない』と合意しました」

この「『日本に対して使用するかもしれない』と合意しました」の「日本に対して」は間違いで、「日本人に対して」と訂正して貰いたい、というのが訴えです。

まず事実関係を言いますと、この文言の出典は、ルーズベルト米大統領とチャーチル英首相が会談した時の「ハイドパーク覚書」で、私はその原文を資料館から入手しました。該当部分は次のようになっています。（略）

ご覧になってお分かりのように、原爆を使うのは、"against the Japanese"「日本人に対して」であって「日本に対して」ではないのです。だから問題は「人」の字を一字入れるだけの問題ですが、資料館は「日本人に対して」も「日本に対して」も同じだからとして、私の願いを受け付けようとしません。

大した問題でないように見えて、資料館も私も譲らないのは、ここが原爆の道義性に最も鋭く触れる点だからです。まず常識から言って、ハイドパーク覚書で突如「日本人」と、敵国の人間が出て来るのは異常です。実際、ハイドパーク覚書を紹介する印刷物では"against the Japanese"を必ず「日本に対して」と誤訳しています。外交文書の覚書なら、ここは国名が来るはずだからです。

原爆使用に関して対象になったのは人間です。その人間の中でもドイツ人でなく日本人です。これらはハイドパーク覚書から読み取れる事実です。だから私は譲れないし、また資料館は、これを目立たせたくないのでしょう。ハイドパーク会談で「日本人に対して」となったということは、原爆の目標が日本の軍事施設や軍事基地でなく、対象が日本の人間となったということです。原爆は軍事基地などに対しては巨大破壊爆弾です。しかし人間相手なら、大量殺戮爆弾です。ハイドパークでは、原爆の性格をそう決め直したのです。日本人の大量殺戮が目的です。事実、以後原爆の目標は京都を初めとして、すべて日本の都市となりました。住民の大量殺戮のためです。原爆はドイツ人には使わないが、日本人には使う。これはまさしく、米本土での日系米人の差別的な隔離に対応するもので道義的にも法的にも大問題です。法的とは、原爆による「無用の苦痛」をドイツ人には与えないのに日本人には与えるという点で、ハーグ条約違反です。近頃オバマ米大統領が、核廃絶での道義性を語り始めましたが、それとは問題にならないほどの道義的大問題が「日本人に対して」には含まれているのです。資料館は明確に「日本人に対して」と展示すべきです。

しかし私にとって、この問題を表に出す方法は、今のところ資料館に対して裁判するぐらいしかありません。そこで私は裁判を目ざして、インターネットの情報を頼りにこの手紙を書きました。せめてご返事を頂けませんか。重ねて失礼お詫びします。どうぞよろしくお願い致します。

「訴訟依頼の件」と題する返事はすぐに来た。しかしそれは弁護士からではなく、「原爆投下を裁く国際民衆法廷・広島」実行委員会事務局の久野成章氏からだった。

二〇〇九・九・九
この度は、メールをありがとうございます。
当実行委員会共同代表の広島平和研究所教授（戦争犯罪）の田中利幸氏が以下のような見解を示していますので、お知らせします。弁護士さんからは、別にメールがいくと思います。

久野

そして、田中氏から久野氏にあてたメールのコピーが付いていた。

久野さん
岡井さんの主張を、私は極めて正当だと思います。ただし、日本人と比較してドイツ人に対してアメリカ側がそこまで配慮したかどうかには、私は疑問を感じます。
原爆投下は、明らかに「日本人市民」を無差別に大量虐殺することを目的に行われた犯罪であるということが、攻撃目標「日本」という抽象的な表現でごまかされてしまっているということはある程度事実です。私は資料館のホームページを見ていないので、早急に調べてみようと思いますが、もし「ハイドパーク覚え書き」の中の「Japanese」を「Japan」に資料館が変更しているならば、これは明らかに改竄あるいは公文書偽造です。法律問題にはならないかもしれませんが、明らかに道義的な問題ですので、資料館に修正を要求する必要があります。取り急ぎ私見まで。

田中利幸

この広島平和研究所 田中教授という人の意見はまったく意外だった。「覚書」が、ドイツ人をかばっていないと言うのか。しかし久野氏は好意的で、追加のメールをさらに送ってくれたりした。

二〇〇九・九・一〇

私たち事務局の何人かは、(時間をかけてまでの)「訴訟の意味があるだろうか」との感触であり、他のメンバーも「交渉ごとで解決」というニュアンスが強いです。

ただ私たちの経験からも、原爆資料館側の展示内容についての交渉ごと(変更)は、どんな問題でも頑な態度であることはよく承知しています。

ハード面とソフト面で、広島市は現在「広島平和記念資料館展示整備等基本計画」を策定中です。ここにかかわるメンバーも、私たちの知り合いもかなりいます。しかし、私たちの意見がすぐ通るというわけでもありません。むしろ、労多くして益なしが多いです。そこで岡井様の問題意識をもう少し、さらにお聞かせいただきたく、よろしくお願い致します。

久野氏の属する「原爆投下を裁く国際民衆法廷・広島」実行委員会事務局は、資料館の事情に通じている人の集まりのようだった。しかし私は、その事務局を通じて問題の解決を頼んだのではなかった。私はただ、法律事務所に訴訟の依頼事件を持ち込んだだけなのだ。それが思いがけず、資料館との交渉の一環に引きずり込まれようとしている。何か間違った受け取り方をされている変な感じだったが、頼んだ以上、聞かれたことには答えなければならない。

久野様

二〇〇九・九・一一

私の持ち込んだ問題、確かに訴訟するほどの問題ではないかも知れません。しかし、それに訴える以外の方法は、今の日本には無いように思えるのです。私はハイドパーク覚書の問題を何年も前から考えていました。今年、広島市平和推進課にメールを送ったりしているうちに「原爆は日本に使用」でなく「日本人に使用」であることを知りました。そこで一つ、人の知らない情報を得たと思って、朝日、読売、毎日、産経、中国等の新聞に何度も投書したのですが、すべてボツです。新聞には夏、原爆関係の記事が出て、有名人が発言しましたから、新聞社気付でそれらの人に手紙を出したのですが、これも返事はゼロでした。こんな人も、知らん顔をするのかと驚くほどです。結局、私には発言する場が全く無いのです。訴訟は残った唯一の方法だったのです。

十月に入り、A法律事務所にメールを送って一月以上経って、私はついにしびれを切らした。余りにも遅すぎるが催促と言ってもどう切り出そうか。私は例のように、ボツになった原稿を種に久野氏に手紙を出した。これに対して久野氏は、「訴訟の対象にはなじまないだろうというのが弁護士の意見です。資料館に対しては、私たちとしてはアプローチします。いましばらくお待ち下さい」とだけ言って来て、私にはそれが何のことだか分からないまま、「私は論争の場に入りたいのに第一歩からつまずいているのです。ただせっかくのご忠告ですので少し待ちましょう」と引き下がった。

しかし、実は久野氏は動き始めていたのだ。久野氏は十月十四日の夜遅くに「田中教授からの通信」を添付ファイルとするメールを送って来た。それには私がまったく予期しなかった動きが書かれていた。

二〇〇九・一〇・一四

岡井敏様

久野

急ですが、遅ればせながら、明日一五日に田中さんと二人で、資料館の国重副館長に会いに行ってきます。またご報告します。

（添付ファイル）
久野さん　資料館ホームページをチェックしたところ、岡井さんの書かれている通り、原資料の「Japanese」を「日本」と誤訳しています。これは明らかに資料館側のミスです。原資料も、民衆法廷で使ったものをチェックしてみましたが、岡井さんが引用されている通りで間違いありません。資料館ホームページは、原資料のハイドパーク同意書の文章を括弧に入れて引用した形で載せていますので、とりわけこの誤訳は問題です。引用しないで、資料館側の解釈で日本としたのなら、それはそれでまだ許せますが、今の形では許せません。きちんとした形で資料館に注意を促した方がよいと思います。メールでやるよりは、直接担当者と会って話をしたほうが良いと思います。お手配願いますか？　田中

これは、まったく私の頼んだことではない。一体どうしたのだろう。私の出した問題を勝手に処理する。それは、好意的に解釈しても有難迷惑でしかない。しかも私はそれを阻止できない。私は、自分が自分の希望してもいない方向に巻き込まれかけているのを覚えた。それに事務的な手違いも災いして、実は私がこのメールを見たのは翌十五日になってからで、何か言うにも時間的にも手遅れになっていた。私はほぞを噛んだが、十七日になって久野氏から連絡が来た。それも不思議なことに、送付先は私と原爆法廷事務局宛となっていた。

二〇〇九・一〇・一七

田中さんと久野は、一五日（木）、平和記念資料館に出向き（平和研究所に出向きたいとの意向が先方にはあったが）、国重俊彦副館長と大瀬戸正司主査と話をしてきました。三〇～四〇分。

資料館の展示内容をコピーした資料が用意してありました。最初は岡井さんへの今までの回答と同じでした。

「なぜ日本に投下することを決めたか？」のコーナーの中でのハイドパーク協定（チューブ・アロイズの覚書）の引用である「against the Japanese」も「日本に対して」にしたと。

田中さん「引用箇所そのものを削除するか、引用している以上、引用箇所の誤訳は訂正すべきであるか、である。今のままは認められない」

久野「一次資料の訳は正確を期すべきであり、解釈は歴史研究者の論争に任せるべきである。資料館、博物館が誤訳を承知で放置することは許されない」

二人で非常に強く要請したところ、資料館側は、以下の回答でした。

「他意はない。日本人という訳をあえて避けているわけでない。もう一度、検討するので、時間がほしい」とのことでした。

いま、しばらく、資料館側の態度を見極めたいと思います。誠意が感じられなければ、次の対応を考えます。取り急ぎ、まずは報告まで。

私はこれまで、この問題で新聞社からも放送局からも相手にされなかった人間だ。核廃絶を叫ぶ人に手紙を出しても返事を貰えなかった。そして、初めて話を聞いて貰えると思った人には、何と、良いようにあしらわれるではないか。私は完全に利用されているのだ。彼らは専門家なのにハイドパーク覚書を知りもしなかった。理解力も足りない。その人たちが、私の出した問題に飛びついて来た。そして自分たちの問題に利用しようとする。私の問題は弁護士への依頼事件だから、弁護士にとっては守秘義務がある。それを田中、久野の両氏は勝手に持ち出した。窃盗ではないか。そして乏しい理解力で処理しようとするから、現状を破損することにもなる。問題の状況を微妙に変える事にもなる。無能な刑事が犯罪現場をダメにしてしまうのと同じだ。

彼らと資料館との話合いでどんなことが語られたのか、その具体的な内容は窺い知れないが、両氏はむしろ向うを利するような事を色々言ったのではないか。たった一つ書いてある田中氏発言の「引用個所そのものを削除するか」にしても、事実を記載しなければ問題は起らないとする処世術で資料館に知恵をつけているわけで、こんなことを広島市立大学平和研究所の教授が言うとは、と私は呆れ返った。この時、初めて私は怒りを覚えた。この怒りは伝えなければいけない。では何を書くべきか。何を書くべきでないか。その判断が定まらないまま、ともかく私は躊躇していられなかった。そして取り敢えず書いた。

二〇〇九・一〇・一八

久野様

お世話になります。「一次資料の訳は正確を期すべきであり、解釈は歴史研究者の論争に任せるべきである。資料館、博物館が誤訳を承知で放置することは許されない」という久野さんのご意見、その通りだと思います。ただし私は今後、資料館側が単なる誤訳だったとして、ミスプリ訂正程度の問題に収めてしまうことを恐れます。資料館の態度にはそれが見えます。問題は資料館が、資料に忠実にという職務に違反した点、設立理由である核廃絶の立場を捨てた点、この二つにあります。社会に真実を伝えなかった罪を犯した資料館は、展示訂正の際、記者会見を開いて謝罪を表明すべきです。それを要求して下さい。それをしないと言うなら、申し入れを取り下げて下さい。お願いします。

私が今、こうも強く出るのは、本来の目的を考えるからです。私は単なる一資料館の誤記を訂正したいとする好事家ではありません。原爆投下の本質を問題にしているのです。ミスプリ訂正程度の問題なら注目もされず、核廃絶に結びつきません。これを私は恐れるのです。

世の中は核廃絶の道義を唱えたオバマに喝采しています。しかし人の心を頼りにする道義より、論理の上に立つ法を持って来なければいけない。核廃絶でも法の主張をせよと、私は言うのです。では核廃絶での論理の上に立つ法とは何か。ハイドパーク覚書を法的に問うことです。原爆が国際法に違反する禁止兵器だと言うことです。そして、それを世界に分からせることです。（後略）

しかし久野氏は、この怒りを含んだ私のメールに返事をよこさなかった。私はまた書いた。

二〇〇九・一〇・二〇

久野様

資料館との話し合いで、私が一番困った発言だと思ったのは、田中さんの「引用箇所そのものを削除するか」の部分です。資料館がハイドパーク覚書の引用をしなければいいのですか。資料をそんなに恣意的に取捨選択して、それで資料館の存在意義があると言えましょうか。こんな態度をこっちが取って、一体、何の主張をしたことになりましょうか。

私は田中さんに対しては、久野さんの最初のメール（「訴訟依頼の件」二〇〇九・九・九）の次の箇所で、すでに疑問を持ちました。

「岡井さんの主張を、私は極めて正当だと思います。ただし、日本人と比較してドイツ人に対してアメリカ側がそこまで配慮したかどうかには、私は疑問を感じます」

もしアメリカがドイツ人に対して配慮したのでなかったら、どうして覚書に「原爆はドイツ人に対して使用」と書くのを抜かしたのでしょうか。同じ敵国人ではありませんか。これが配慮でないとしたら、米英首脳の頭脳構造はメチャクチャです。同じメールでの田中さんの「これは明らかに改竄あるいは公文書偽造です。法律問題にはならないかもしれませんが」にも納得できませんでした。公文書偽造がどうして法律問題ではないのでしょうか。

返事は久野氏から来ず、田中氏から来た。メールには「私の見解」と題してあった。

二〇〇九・一〇・二一

岡井様

ご質問にお答えします。

(一) 原爆投下は、明らかに「人道に対する罪」という重大な犯罪であることは誰も否定できません。被爆者の損害請求権すら認めなかった「下田裁判」ですら、原爆投下は当時の戦争法、特に空戦法に違反する戦争犯罪であると認めています。この「犯罪性」について資料館は全く触れていません。したがって、私は、今後、資料館に要求していく最も重要なことは、この「犯罪性」明示であると考えています。とりわけ、最近は海外からの訪問者、特にアメリカからの訪問者が多くなっており、オバマ大統領への広島・長崎訪問の要望も高まっていることから、アメリカ人訪問者に向けて、犯罪性をはっきりと表示すべきであると考えています。

ただし、同時に、東京を含む日本の他の都市への焼夷弾空爆も戦争犯罪であり、日本軍が中国諸都市に行った無差別爆撃も戦争犯罪であったと、資料館の説明に明示すべきであると私は考えています。

(二) 実は、私は攻撃の対象が「日本人」でも「日本」でも、それほど言葉の使い分けそのものは気にしていません。資料館スタッフも、故意に「Japanese」と「Japan」の違いを意識して、翻訳を改ざんしたのではないと思います。したがって、おそらく今度は「日本人」と訂正すると思います。「訂正するのがいやだったら引用するのをやめろ」と私が言ったのは、そうしたほうが良いと私がすすめたわけではなく、「故意に誤訳をしているのなら、論理的にはそういうことになるでしょう」ということを言ったまでです。「公文書偽造」というのは言い過ぎでした。私はその時点では、資料館のウエッブサイトを詳しく見ていなかったので、「かなりの偽造があるのかも」と勝手に推測して、そのような表現を使いました。これは私の間違いでした。訂正して謝罪します。当時のルーズベルト、トルーマンやチャーチルが、「Japanese」を、明確に、意識的に、「German」ドイツ人と対照させて使っていたとは思いません。英語圏で二五年以上暮らした経験から言わせていただくなら、ネイティブ・スピーカーも、しばしば「Japanese」と「Japan」を相互互換的に使うことはあります。

(三) 私の友人の日本研究者、ジョン・ダワーが、その名著「War Without Mercy」で詳しく書いているように、確かに、当時、アメリカ人の中には日本人への人種差別が深くあったことは否定できません。原爆投下決定にもそれが影響しているのではないかという他の歴史家の推測もあります。しかし人種差別が原爆投下の決断そのものの決定的な要因であったことを示す資料証拠は存在しません。

ご存知のように、アメリカの原爆開発は、ドイツの原爆開発を知った上で開始されました。したがって、当初は、使用対象はドイツであったことは明らかです。原爆開発が成功し、実験にも成功したのは、四五年七月です。この時点で、ドイツはすでに降伏しています。原爆は使わなかったが（「使えなかった」と言った方が正確ですが）、米英軍はドイツに対して、猛烈な無差別爆撃を繰り返し行っています。ハンブルグやドレスデンへの空爆は、徹底した市民虐殺でした。ドイツ全体では一三一の都市や町が破壊され、空爆による死亡者は六〇万人にのぼっています。空爆による日本人死亡者は（原爆被害者を含め）五六万人と推定されています。したがって、犠牲者の総数（もちろん被爆者はその後も死亡し続けますが）からすれば、ドイツも日本も大差はなく、むしろドイツ人犠牲者のほうが多いくらいです。したがって、人種差別意識の要素があったとしても、その人種差別意識の強弱が、空爆の結果に決定的な影響を与えたとは、私は考えません。

（四）繰り返しになりますが、私は、最も重要な点は人種差別意識があろうがなかろうが、民間人を空爆で無差別に虐殺することは「人道に対する罪」であり、爆弾が核兵器であろうと通常兵器であろうと、その罪は同じです。原爆の場合その犠牲者数の多さと、放射能による障害を長期にわたって産み出すという点で、通常爆弾よりはるかに残虐であることは言うまでもありませんが。したがって久野さんや私のように、現在の反核運動に深く関わっている者にとって、最も大切なことは、核兵器の使用は、攻撃目標がどんな人種の人間であれ、「人道に対する罪」であり、核抑止力は「平和に対する罪」であるということを強く訴えていくことです。

以上が私の岡井さんへの返答です。ご理解していただければと願っています。

田中利幸

形の上だけにせよ、また私が頼まなかったにせよ、平和記念資料館との交渉に、私はこんな人を代理人としたわけである。広島市立大学広島平和研究所の教授というのは一体、何を研究しているのだろう。この人には研究する能力があるのか。私は、今までのこと全部を潰してしまいたい衝動に駆られた。

田中様

二〇〇九・一〇・二二

お考えを率直にお聞かせ下さって有難うございました。私の交友関係では政治の問題を言うのが憚られますし、私が意見を言えるのはせいぜい投書ぐらいですが、そこでは絶対相手にして貰えませんので、人と議論する機会がまるでありませんでした。言わば始めて相手にして貰ったという次第で、その意味で更に有難いのです。

田中さんのお考え、今の問題でせっかく色々書いて下さったので、それについて私も意見を述べさせて頂こうと思います。

（一）「犯罪性」

原爆投下について資料館が「犯罪性」を明示すべきこと、全く同感です。私が「日本人」か「日本」かの問題で、単なるミスプリ事件に終るのではないかと恐れたのは、まさに「犯罪性」の明示が失われるだろうと思ったからです。私がそう思う理由は十分あります。さきに私が秋葉市長に「ハイドパーク覚書をもとに原爆の『犯罪性』を指摘して核廃絶運動を行うべきである」とメールを送ったら、広島市平和推進課長から返信が来て「和解」の精神こそ大事だと強調して来たからです。その後のやりとりから、私は今、広島市と資料館とは一体だと思っています。

(二)「日本」と「日本人」

さて出発点は同じでも、ここから私は田中さんと分かれます。私は、この問題の特徴は「日本」か「日本人」かの点に端的に、象徴的に現れていると思います。確かにわれわれ、この二つを「相互互換的」に使うことはあります。会話だと、英語ならずとも日本語で「アメリカはそうするんですか」と「アメリカ人はそうするんですか」とは、区別無しに曖昧に使います。しかしこれと「原爆をどう使うか」の時の問題とは同一ではありません。まず覚書の他の箇所を見ると色々区別して書いてあって、ルーズベルトとチャーチルは、その程度の間違いはしていないのです。原爆はご存じの通り、アインシュタインがハイゼンベルクの頭脳を恐れて、ルーズベルトに開発を勧告したことに始まります。しかしドイツが原爆を作っていないと分かって、米英首脳の二人は相談した。軍事でなく政治です。「アジア戦線に使うか、ヨーロッパ戦線に使うか、日本にもドイツにも使うか、いや日本に使うか、ドイツに使うか、どちらの国にするか」ここで問題になるのは国とか戦線です。人間なんか出る場面ではないのです。だから「日本人に対して使う」となると、意図的に「日本人」を頭に置く以外無いのです。対象が、ガラッと変ったのです。「相互互換的」などという問題ではありません。しかも卓越した政治家二人、「日本」というつもりで、この大事な問題に間違って「日本人」というはずがありません。

（三）「日本人」と「ドイツ人」

ルーズベルトとチャーチルが「"Japanese"を、明確に、意識的に、"Germans"ドイツ人と対照させて使っていた」のでなければ、なぜ一緒に「ドイツ人に対して使用」の文言も覚書に入れなかったのですか。ドイツに原爆が無いから、ドイツ人に対して原爆を使わないとしたら、日本人に対しても使えるはずはない。しかし日本人に対しては使った。はっきり、日本人をドイツ人と「対照させて」いるのです。区別していたのです。ではなぜ日本に使い、ドイツに使わないか。ドイツが早く負けるだろうから使わないとした、という意見があります。確かに原爆完成時に、ドイツはもう降伏していました。実際問題として、時間的に原爆はドイツに使えなかった。しかし一年前のハイドパーク覚書の時に、こんなことが分かるはずはなかったのです。ドイツが早く負けない可能性はあったはずで、その可能性を放っておくのは無責任です。責任ある政治家のすることではありません。では責任ある政治家ならどうするか。ドイツに「使う」としておいても、ドイツが早く負ければ「自動的に使えなく」なり、自動的に始末されるのだから「使う」としても損するものは何もない。だから「原爆は同じくドイツに対しても使う」とするのが当然です。しかし彼らは「ドイツ人に対して使う」と覚書に書かなかった。「原爆は日本人に使う。ドイツ人には使わない」です。では一体ドイツ人と日本人とどこが違うか。人種の違いしか残っていません。

（四）人種差別

ルーズベルトは米本土で、チャーチルはカナダで、日系人の隔離をしました。ご存じの通り、イエローモンキーの隔離です。覚書の「原爆を日本人に使用」もルーズベルトとチャーチルの政治決定であり、アメリカ・カナダでのイエローモンキー隔離も同じく、ルーズベルトとチャーチルの政治決定です。だからこの二つの決定が異質なものであることなど、あり得ないのです。

とにかく彼らは、ドイツ人に対して使えないものを日本人に対しては使ったのです。人種差別が最も明瞭な形で示されました。米英首脳は原爆が残虐兵器であることを自覚していたから、ドイツ人には使えない、日本人になら使える、としたのです。この差が出たところに原爆の非人間性が端的に、象徴的に現れています。「人種差別が原爆投下の決断そのものの決定的な要因であったことを示す資料証拠は存在しません」どころではない。ハイドパーク覚書そのものが、決定的な資料証拠です。

私は、人種差別を問題にするのでなく、原爆を問題にしているのです。私は、おっしゃるようにまさに「最も大切なことは、核兵器の使用は、攻撃目標がどんな人種の人間であれ、『人道に対する罪』であり、核抑止力は『平和に対する罪』であるということを強く訴えていくこと」だと思っているからこそ、その象徴となるものをかかげるのです。それが人種差別です。

（五）追記　論理の問題

空爆による死者の数で人種差別があったか無かったかを判断するのは、論理ではありません。

爆撃はその時々の各戦線での軍事的理由からで、死者はその積み重ねに過ぎません。ドレスデンが東方からの避難民でふくれ上がっている。効果的だから爆撃してやるかとか、家の詰まった東京の下町を絨毯爆撃してやるか、等の重ね合わせです。これに対してハイドパーク覚書では、通常爆撃とは破壊力がまるで違う原爆という一つの土俵で、同一時にはっきりドイツ人と日本人との分別をしたのです。だから当然人種の差が出て来るのです。私は論理の議論をしているのです。以上、もっと整理して書くべきでしたが、私の考えをまとめると、「日本人に対して使用」（「日本に対して使用」ではなく）にこそ、原爆の「犯罪性」が最も明確に現れているのです。

翌日、気が付くとメールボックスに田中氏からの返事が入っていた。私は飛びついて見たのだが、肩すかしを喰わされた。

二〇〇九・一〇・二三

岡井様

ご丁寧な御返信に感謝いたします。お返事を差し上げたいのですが、これから私はまた長期の海外出張に出かけなくてはならないため時間がありません。あらためてまた、ご連絡させていただきます。

取り急ぎ御礼まで。

田中

彼はこれまで海外出張など、素振りにも見せずにいたのだ。勝手に振舞った末、逃げる――私は盛り上がる怒りの気持のまま、依頼事件は一体どう結末をつけるのかと久野氏に問うた。返事は直ぐあった。

岡井 敏 様

二〇〇九・一〇・二三

田中さんは、一カ月オーストラリアに行くだけで、メール等連絡の不自由はありません。
資料館への交渉は、私・久野の一存であって、A弁護士や当会（原爆法廷事務局）の意向とは独立しています。岡井さんの問題意識に共感したのであって、資料館に訂正を要求するべきだと思ったからです。
訴訟依頼の件は、A弁護士から何か直接の連絡はありませんか？ ただA氏も私たちも、岡井さんの依頼の件は最初から訴訟には向かないとの感覚です。資料館との交渉ごとで解決すべき事案と考えています。資料館側が検討しているのは間違いないでしょうから、その回答を待ってからでは、駄目なのでしょうか？

久野

要するに、私の法律事務所への申し込みの仕方に不備があって、それで今まで返事を貰えなかった、というのだろうか。広島の法律事務所との問題はこれで終った。久野氏も信用ならない。

「資料館への交渉は、私・久野の一存で」と言うが、彼は十月十四日の私宛のメールには、「(資料館への交渉を) お手配願いますか？　田中」というファイルを添付しているのである。私は、もう残務処理のような形で久野氏に答えるだけだった。

二〇〇九・一〇・二七

久野様

A弁護士のご見解は了解しました。教えていただいたことへのお礼は、料金、口座番号等ご連絡いただければ、お払い致します。

しかしそれは私の最初のメールで、直ぐに教えて頂けたことのように思います。そうすれば、二カ月近くの時間を無駄に過ごすこともなく、ミスプリントのような事務的な形で処理するようなことになるはずもなく (これは私がお願いしたことではありません)、私の発言権が奪われることもなく、私も核廃絶に動けたように思います。

資料館への要求を取り下げて下さい。展示を現状から変更しないようにして下さい。いい加減に訂正することは、核廃絶にむしろ妨げになります。ご返事をお願い致します。

これで、久野氏の返事の調子がすっかり変わったのは当然である。

二〇〇九・一〇・二八

岡井敏様

一　御礼は無用です。

二　「直ぐに教えて頂けたことのように思います。そうすれば、二カ月近くの時間を無駄に過ごすこともなく」に対して回答します。

九月七日以来の岡井さんからの「一般的な訂正要求の訴訟検討依頼」では、具体性がないため検討できないのです。九月一〇日の私のメールですでに、『訴訟の意味があるだろうか』との感触であり、他のメンバーも『交渉ごとで解決』というニュアンスが強い」と明示しています。

私・久野個人の意見では、民事的な請求趣旨になじまず、具体的な刑事事件を起こし、その公判において、その直接行動の理由・背景を訴えるしかないでしょう。しかし、そんなことをするくらいなら、資料館前での直接の市民への訴え等、生産的な運動の道があるでしょう。ホワイトハウス前で二〇年以上、反核の主張一本で、座り込んでいる女性がいますね。

三　「ミスプリントのような事務的な形で処理するようなことになるはずもなく（これは私がお願いしたことではありません）」に対しての回答。

資料館がそんな簡単には訂正しないでしょう。これまでの経験から、朝鮮人被爆者の展示要求すら簡単に応じないのです。軍都の展示に何年もかかりました。仮に、岡井さんの主張どおり、訂正がされれば、大きな前進です。資料館に記者会見を要求するのも正当ですし、岡井さんが記者会見をすることも可能です。とにかく、そこから道は開けるでしょう。資料館の訂正の動機より、訂正そのものの事実が重要なのです。

四「私の発言権が奪われることもなく」に対しての感想。

岡井さんのメールでの焦燥感の根底にこの問題があるようですが、発言「権」とは特権ではなく、そのような権「利」があるとすれば、それは自分で作り上げるものでしょう。

無数の無名の人間が広島・長崎の運動を進めてきたのです。七〇年代に取り壊されそうになった原爆ドームを残したのは、高校生の署名からです。自分たちの名前を刻んでください、発言権を下さいなどという発想はしないでしょう。真実が広がることが必要であり、誰が発見したかは関係ありません。妨害する人が無数にいるのは当然でしょう。無数の人々、「無数の嘆き」が歴史を刻んでいるのであり、岡井さんがもっともご存知のことでしょう。

五　資料館への要求は、岡井さんの要求とは別にします。今後は、岡井さんの要求とは別個にやっていきます。

とりあえずの返信です。

久野

ＰＳ　一〇月二一日の田中さん、二二日・二三日の岡井さんのメールでのやりとりを深化させることが有意義だと思います。

久野氏の「直接行動」「具体的な刑事事件」などの言葉に対しては、今さら、わざわざ咎めだてする必要もあるまい。話が端々に行くだけだ。私は返信のメールに「明確にすること」の題をつけて、これで終りにすることにした。

二〇〇九・一〇・二八

久野様

私は以前、私の議論でおかしい点、間違っている点はどんどん指摘して下さいと書きました。だからご返事を下さったことには感謝します。しかし問題点はあります。もう、あまり一々言うつもりはありませんが、二点だけ、明確にしておきましょう。

私は、久野さんの最初のメール（九月九日）で「Aさんからは、別にメールがいくと思います」とあったので、待っていたのです。誰でもA法律事務所に依頼状を送って、そこからメールが来たら、A法律事務所の返事と思うでしょう。また『『一般的な訂正要求の訴訟検討依頼』では、具体性がないため検討できない」なら、なぜそう仰らないのですか。素人が言って来たのは明らかだから、法律事務所はそう教えて当り前ではありませんか。

私が「私の発言権が奪われることもなく」と書いたことを非常に問題にされます。「自分たちの名前を刻んでください、発言権を下さいなどという発想はしないでしょう」とは私に向けられたものでしょうか。私は「間違いを指摘する時の判定基準は、それが核廃絶を進めるか否か、として下さい」と書いたように、判断基準としたのは、それが核廃絶に役立つか否かだけで、まさに「真実が広がることが必要であり、誰が発見したかは関係ありません」の立場です。ただ私は、メールで田中さんとやりとりして、田中さんが「発見」できると思えなくなったので、私は資料館に対して私の「発言権」を維持したい、と思ったのです。私は、田中さんたちのやった措置のために、私が発言できなくなるのではないかと、それをひたすら恐れているのです。

広島とのやりとり——長い間かけて結局、私は、味方のはずの人と言い争いをしただけに終り、資料館に訴訟を起こすことは出来ないとだけ知らされた。しかし、私は矢張り、嬉しくない診断をされた病人が別の医者にセカンド・オピニオンを求めるように、別の弁護士から意見を聞きたいと思った。そこで少し伝手をたどって「核兵器の廃絶をめざす日本法律家協会」の弁護士を紹介して貰ったが、法律家の意見は同じだった。

ご連絡

二〇〇九・一一・六

ＦＡＸを拝見しました。確かに、貴重な指摘だと思いますし、検討に値します。しかしながら、この訂正を、裁判手続きで求めることは、現行法の下では無理だと思います。法主体の権利義務にかかわる問題ではないからです。また、このような問題は司法手続きというよりも、運動で、資料館に訂正させるのが筋道と思われます。

問題は出発点に戻った。これから何をすべきか。それは思い浮ばない。八方塞がりなのである。運動で、と言っても何があるだろう。ところで二〇〇九年がまったく押し詰まった十二月二十三日、思いがけず久野氏からメールが入った。

岡井 敏様

二〇〇九・一二・二三

大変お久し振りです。今日、平和記念資料館・大瀬戸主査から電話があり、さっそく回答を聞いてきました。

結論。この年末年始に改訂するとのことです。丁度、こちらからも今年中に回答がないのは不誠実ではないかと資料館副館長に連絡しようと思っていた矢先でした。田中利幸先生は日本不在のため、僕が伺いました。我々の要請と岡井様の要請は別の趣旨ですので、資料館から岡井様へ回答があるとは思いますが、行きがかり上、僕の立場からお知らせします。広島平和記念資料館の展示の誤りの訂正を求めることに対して、次の回答を得ました。

「原爆使用はドイツでなく日本」の展示文では、引用符を原資料からの引用部分のみに表記します。つまり

「一九四三年五月、アメリカの軍事政策委員会で原爆投下地点について意見が交わされ、『トラック諸島の港に集結した日本艦隊が最も望ましい』という意見が大半を占めました。一九四四

年九月一八日には、ニューヨーク州のハイドパークで行われた会談で、アメリカとイギリスの首脳は、原爆を『日本に対して使用するかもしれない』と合意しました」を、「アメリカとイギリスの首脳は、原爆を日本に対して使用するかもしれないと合意しました」と、『　』を外す。すなわち、資料館の見解として表記し直す。

ただし、原典資料の訳については、岡井様の指摘どおり、誤りを認めた上で訂正するということです。これは重大なことと僕は思います。

以上、資料館の回答をそのままお伝えしました。僕個人の意見は、一歩前進＝大きな前進と考えます。岡井様の指摘がなければこのような訂正はなかったでしょう。と、同時に、岡井様の指摘の趣旨が貫徹しているかといえば、それは疑問です。その点については、今後のいっそうの資料館・広島市への働きかけが左右すると思います。いずれにせよ、資料館への働きかけは無駄ではなかったのです。まずは、お知らせまで。

久野成章

これは何ということかと思う。久野氏は勝ち誇った調子で書いて来ている。そこには手柄を早く伝えて喜ばせてやろうという余裕さえ見られる。実際はというと、田中氏と久野氏が私のA法律事務所への依頼事件を勝手に横取りして、私の一番恐れたミスプリとしての「小手先の訂正」が行われることになった、というだけの話である。久野氏はそれを「一歩前進」とか「資料館への働きかけは無駄ではなかった」と言う。「資料館への働きかけ」とは、私の問題提起それ自体ではなく、田中、久野両氏の動きの方を言うのであろう。二人は結局、パネルの解説文の引用符『　』を資料館に外させて、資料館がこれは引用ではなく資料館の見解だ、と開き直る逃げ道を資料館と一緒に固めたのである。資料館は二人を巧く味方につけて、愚かな二人を「一歩前進」とか言わせて、ほくそ笑んでいるだろう。そして久野氏は嬉しがっている。これは私が最も恐れたことだった。私は全く動けなくなった。だから私は久野氏に発言権を奪われたと言ったのだが、それを久野氏は名誉欲からの発言だと言う。そしてこの結果だ。私は全く絶望的になった。しかしもう言い争っても始まらない。

二〇〇九・一二・二四

久野成章 様

メール、有難うございました。まったく思いがけませんでした。意見の不一致で気持の悪い思いをされたでしょうに、ご親切を頂きお礼申し上げます。しかし矢張り申上げなければいけないことがあります。

資料館の反応は矢張り予想通りでした。まさにミスプリの訂正で、処世術を見せられただけでした。これでは広島の死者が本当に気の毒です。ドイツ人だったら殺されずに済んだ。その証拠が「原爆は日本人に対して使用」です。ところが広島の資料館はこれを抹殺する。全く資料館の理念や目的に反する行為です。ミスプリにだけ気をつけて、揚げ足を取られなければいい。国重氏らにとって大事なのは給料や地位だけなのです。

この日、資料館からメールが届いた。そこには資料館の展示更新が、久野氏の言って来た通りに書いてあった。

岡井敏様

二〇〇九・一二・二四

前略　広島平和記念資料館副館長の国重です。

この度、当館東館1階「原子爆弾」コーナーの展示を一部更新することとしましたので、お知らせします。年末年始の休館中に施工し、二〇一〇年一月二日から更新後の展示となります。

「なぜ日本に投下することを決めたか?」を解説するパネルの一部「原爆使用はドイツではなく日本」を、次のとおり改め、原資料からの引用部分にのみ、和文中は「　」及び英文中は" "を表記することとします。

原爆使用はドイツではなく日本

一九四三（昭和一八）年五月、アメリカの軍事政策委員会で原爆投下地点について意見が交わされ、「トラック諸島の港に集結した日本艦隊が最も望ましいだろう」という意見が大半を占め

ました。一九四四年九月一八日には、ニューヨーク州のハイドパークで行われた会談で、アメリカとイギリスの首脳は、原爆を日本に対して使用するかもしれないと合意しました。（英文略）

この解説の根拠となる「チューブ・アロイズ」の覚書については、その一部"against the Japanese"の訳を、「日本に対して」ではなく「日本人に対して」と改めます。「チューブ・アロイズ」の覚書は、アメリカが原子爆弾を「なぜ日本に投下することを決めたか？」を説明する資料の一つとして展示していますが、原文に忠実な訳とするものです。

なお、当館ホームページの更新は、後日になることをご承知ください。

今後とも、当館の運営にご理解、ご協力を賜りますようお願い申し上げます。

草々

暮とは言え、この事務的なメールは、承服できるものでないことを即刻伝えなければならなかった。資料館の展示の根拠になるのは、資料館も言う「チューブ・アロイズの覚書」（ハイドパーク覚書）である。こちらのほうは、忠実な訳の「原爆は日本人に使用」に改めて、それを使って書いた展示文は「原爆は日本に使用」のままとする。これが改竄であることを私は、もう十分述べた。しかし私はまたも、これが改竄だと繰り返すことをしなければいけないのか。そして繰り返しても聞かれないことは分かっている。しかも田中氏と久野氏の工作のために、資料館は展示を「アメリカとイギリスの首脳は、原爆を『日本に対して使用するかもしれない』と合意しました」から引用符『　』を取って、「アメリカとイギリスの首脳は、原爆を日本に対して使用するかもしれないと合意しました」としたから、資料館は、これが「チューブ・アロイズの覚書」の引用ではなく、資料館の見解だと大威張りで主張してくるだろう。そうなると見解の相違で終わってしまうとやり切れなかったが、結局私は長いものを書いた。もちろん年が明けても資料館からは返事が無かった。長いメールは逆効果だったかもしれない。私は今度は短く、資料館に矛盾とだけ言おうと思った。矛盾とは、「チューブ・アロイズの覚書」のみ「忠実な訳」にして、これを根拠とする展示文のほうは「忠実な訳」にしないことだ。私は出来るだけ短いものを書いて送った。すると遅くなってだが、とにかく返事が来た。

二〇一〇・二・五

岡井敏様

岡井様からの問い合わせに対して回答が遅れましたことをお詫びいたします。

以前、お知らせしましたとおり、広島平和記念資料館では、岡井様の御意見等を参考に関係者で協議を重ね、本年一月二日から東館一階「原子爆弾」のコーナーの展示の一部を次のとおり更新しています。（略）

岡井様の御指摘について、当館の考えを御説明します。

「原子爆弾」のコーナーは、「なぜ開発したか?」、「なぜ日本に投下することを決めたか?」「なぜ広島に投下したか?」の三つの項目で構成し、アメリカによる原子爆弾の開発「マンハッタン計画」から広島への投下までをたどっています。このコーナーの解説パネルについては、従来から日本とアメリカとの国家間の関係で構成しております。本年一月に行った展示更新は、原資料の引用部分を正確に表示することを目的として行ったものです。

岡井様からいただく御意見が当館の見解と異なる点もあろうかと思いますが、御理解くださいますようお願いいいたします。

副館長 国重俊彦

資料館は事務的なことを繰り返し書くことで、それ以外は余計だとふんぞり返っているのである。そして「展示は、日本とアメリカの国家間の関係で構成」するとして、細部に立ち入らせないことも表明した。これらをそのまま認めてしまうのは、議論拒否を認めることになってしまう。

二〇一〇・二・八

国重俊彦様

ご返事有難うございました。しかし、まず書き方についてお願いがあります。

以前のメールに書かれたことは、もう分かっていますから書かないで下さい。不要な文章の中で、本質的な部分が見えなくなります。出来るだけ簡単に書いてください。

以上の前置きでご返事を見ると、新しく書かれたのは次の一文だけです。

「このコーナーの解説パネルについては、従来から日本とアメリカとの国家間の関係で構成しております」

これに対する私の考えは以下の通りです。

解説パネルと原資料とは一体のものです。原資料あっての解説パネルです。ことに「チューブ・アロイズ」の覚書は、解説パネルの基盤そのものです。この解説パネルと原資料の二つに対して、一方においては「国家間の関係で構成」することを重視し、他方では「原文に忠実」であることを重視する。一体のものに対するこの不統一は、展示の体をなしません。では資料館として「国家間の関係で構成」することと「原文に忠実」とどちらを取るか。言うまでもなく「原文に忠実」です。「国家間の関係で構成」は展示の形式の問題に過ぎません。事実に忠実こそ、資料館の使命です。そのように統一をお願い致します。解説パネルは「アメリカとイギリスの首脳は、原爆を日本人に対して使用するかもしれないと合意しました」のように、「日本人に対して」と訂正して下さい。

私は明確に論理を述べた積りだったが、来たのは矢張り議論拒否の最後通告だった。

二〇一〇・二・一〇

岡井敏様

「原子爆弾」のコーナーの解説パネルについては、観覧される方が理解しやすいように、日本とアメリカとの国家間の関係で構成しています。岡井様の見解に沿った形で展示を変更することはできません。

これ以上は、同じ回答の繰り返しとなりますことをご了承ください。今後とも、当館の運営にご理解、ご協力を賜りますようお願い申し上げます。

副館長 国重俊彦

結局二〇〇九年の暮から二〇一〇年の初めにかけて私はまたも資料館と不毛の論争をしたのだが、これは全く田中、久野両氏が邪魔したせいである。では逆に、彼らが余計な口出しをせずにいたら、どうなっていたか。資料館は何も動き出さずに、展示文の引用符は外さず、参考資料の誤訳もそのままにしておいたはずだった。資料館が動き出す理由は無かったのだ。

その状態で私が資料館に乗り込んで交渉したらどうなったか。もし資料館が今回のように、参考資料のハイドパーク覚書の訳だけを「忠実な訳」の「日本人に対して」に訂正すると言ったら、これで直ちに私の勝利となるはずだった。資料館は二〇〇九年九月九日には「ハイドパーク覚書は、アメリカが原子爆弾を『なぜ日本に投下することを決めたのか?』を説明する資料の一つとして展示しているため"against the Japanese"は、『日本人に対して』ではなく『日本に対して』と訳しています」と言い、展示全体が統一体であるとの立場を示したのだ。それなら展示を一部修正したら、統一体として、全体をその視点で修正しなければならない、だから私は展示文の方まで「日本人に対して」に改めさせることが出来たはずだった。しかし、それは今では田中氏らの邪魔で、もう出来る状態ではなくなっている。

田中氏、久野氏はミスプリントを訂正するようなことをやって、それで良しとする人たちだから、結局全体を壊してしまったのだ。私は彼らが二〇〇九年十月半ばに資料館と越権交渉をした時、不安な予感を覚えたが、実はこれほど私が動けなくなることまでは予想出来なかった。私は自分の不明を嘆くばかりだった。

二〇一〇年の半ば、私は取り敢えずこれまでの経過をまとめて出版することにした。そして題名を「原爆は日本人に使っていいな」とした。これは、なるべく内容をそのまま伝えるように、また人目を引くように、と考えてであった。実際、無名の人間にとっては、それしか方法はなかったのだ。

五　「国家は中心より滅ぶ」という父

――判事ながら東条首相への糾弾の手紙で懲戒免職

私はハイドパーク覚書を知って以来時々、何でそんなに一生懸命になるんだと問われるようになった。私は引退した人間で、人に会うことは少なく、また人に会ってもあたりさわりのないことを話している積りなのだが、つい思っていることが口に出るのだろう。そんな時私は、あるいは戦争のせいかも知れないと言うのだが、これは間違いではないが、きちんと答えているのではない。私の歳の人間は全員が戦争体験者で、私は並の戦争の影響を受けただけなのだ。そして一般的な意味で、私は戦争で特に実害を蒙った人間ではない。身内に戦死者はいないし戦災にも遭わなかった。しかし私はものを考える時、自然にまず前大戦のことが思い出されるようになっている。

私が戦争の影響を思う時、直ぐ思い浮かぶのは、敗戦で世の中の大人たちがガラッと変ったことである。戦時中に言ったことと戦後に言うことが違う。しかし彼らはその違いを恥じない。戦時中に言ったことの責任を取らない。それは近くで見る人でも新聞で見る人でも同じで、それが私の見る大人の姿だったから、自分もそうなりたくないと切に思い、その思いがちょうど青年期に入る私の方針になってしまった。こうして私は、実践倫理のようなものを模索することになったのである。すると自然のままに自由に生きるのが許されない感じがして、私には生きるのが窮屈になって来た。とはいえ、最初の方針は変えられない。その上、私は幼稚な頭で社会はこういうものだろうと思い、それに対応するように考えた積りだったが、その思い違いもあったから私の内部は混乱した。私は立て直さなければならなかった。振り返ってみると、こうやって私は自分用の価値体系とか思考体系とかいうものを、どうやら自分流に作ったのだが、こんなことをする人間は余り無いだろう。だから私は少し依怙地になり、その結果「何でそんなに一生懸命になるんだ」と問われることになるのだろうと思う。

しかしこれには先に述べたように、まだきちんと言ってないことがある。それは、当時の大人たちがそれほど見苦しい振る舞いをしたとしても、その反動で実践倫理を模索するとは極端ではないか、という点だ。確かにそうだ。当時誰にとっても置かれた状況は同じだった。だからそれは友人と語り合い、共感しながら同時代を過ごすという程度のものだったはずである。しかし私の置かれた環境は極めて特殊なものだったから、私は普通からはみ出ることになったのである。

当時としては例外と言うべきだろうが、私には見苦しくない振る舞いをしたと思える人間が身近にいた。それは全く稀なことだったから私はそれを確実に意識したのだが、ではその真似が出来るかというと出来ない。私は自分が出来ないと思った時、自分流の生き方を模索せざるを得なかった。ここで言う身近の人間とは私の父である。こうして私は自分流をやったのだから、私の立脚点を語るには、どうしても父のことから始めなければならなくなる。

私の父、岡井藤志郎《とうしろう》は、四国の松山近郊の農家に一八九五年（明治二十八年）に生まれた。十九世紀末、日清戦争が終った年である。晩年、彼は子供の頃の話を一つだけしたが、この話で自分を語ることになった。

「私が十三の年に、海南新聞に『真田と大阪城』という講談が出とった。それを読んでみると、真田幸村は、秀頼公を奉じて瀬戸の唐橋まで出陣して、東軍を迎え撃つ積りだったらしい。そうしておれば豊臣恩顧の大名も段々駆けつけて来るし、幸村は、家康の向うをはって戦争をやれる人だったから、家康は危なかったかも知れぬ。危なかっただろう、瀬戸の大橋まで出られたら。家康はその後、政略を用いられて和睦にし、外濠を全部つぶしてしまったが、幸村はなぜ、戦術を妨げた淀君を始末しなかったか。真田幸村の家来もなぜ、じっとしとったかと。そんな事は講談に一字も書いていない。書いていないけれども、それからずっと私の疑問だった」

中学を出て父が選んだ学校は、海軍兵学校だった。これは「坂の上の雲」の秋山真之への尊敬からだったに違いない。秋山は、連合艦隊の参謀として日本海海戦を大勝利に導いた男である。当時の日本を考えると、この勝利がいかに大きいものだったか、また、その勝利をもたらした人物を郷土に持つのが、いかに誇らしかったかは、容易に想像できる。父は、経世の志をもって秋山の後を追おうとしたのである。

しかし、その志で海兵生徒となった父にとって、海軍兵学校が愉快なところでなかったのも容易に想像できる。父は理系の人間ではない。海軍軍人の職場が軍艦であることから兵学校も軍艦操縦技術の海軍機関学校とまったく性格の違う学校ではあり得なかったから、父に合うはずがなかったのだ。

海軍兵学校の時のクラス全体で撮った写真では、父はスマートな海軍士官の卵というにはほど遠く陰気である。入学後どの位たって、父は己の違和感に気付いたのであろうか。一年半たって、彼が手紙で教えを乞うた先は、やはり秋山真之だった。秋山はこのとき四十八歳、海軍少将、海軍軍務局長である。

父は秋山真之に貰った手紙のことを晩年こう語った。

「秋山さんから貰った手紙は、こんなにこうあるけどねえ。今から読んでみると、恥かしゅうてよう読まん。というのは煩悶を解いてくれなかったから。ハハハ。海軍から真に世を治める者が一人も出なかった。それで海軍は単なる船乗りみたような気がして、それの煩悶じゃからのう。そんな事で煩悶した者は私以外には無かろう。それがまた本当の煩悶だから、それは解いてくれなかった。それはまあ、気違いみたいなもんだから。

秋山さんはあれから三年生きておいでたから、会うとったらと思うねえ。秋山さんは、あれだけ偉かったが、晩年、考えが局所的になっていって死んだ。もっと国家に貢献して貰わんならん人が死んだ。

秋山さんというのは全体を見ることの出来る人だったね。だから生きておったら、山本五十六元帥なんかのようには、やらなかっただろう。山本五十六元帥は循吏《じゅんり》（註　規則をよく守って熱心に勤める官吏）の人だった。海軍には多いんだよ、循吏というのは。官吏としては模範的な人だった。ま、それ以上ではなかった。惜しむべしじゃね。御前会議で負けると分かっとる戦争を止めさせるとか、それが出来ん人じゃった。陛下を叱咤激励するとか、直ちに魂をゆさぶって肺肝に迫るとか、それだけの気概がない人だった」

父が死んでから、鍵のかかっている机の引き出しを開けると、なるほど秋山真之の手紙がしまってあった。表書きは「江田島海軍兵学校第十一分隊 岡井藤志郎殿」、裏は「海軍省 秋山真之」とだけ書いてある。「参銭」切手のスタンプから、日付が大正四年三月九日と読み取ることができる。そして巻紙には、気力溢れる達筆の文字が流れるように書いてあった。

「拝復　江田島に御勉学のこの頃、黒白定めなき自己の将来を取り越し苦労して、かれこれと御煩悶の様子なれども、さようの無用の思慮に貴重の時間を消費さるるよりは、せいぜい自己現在の境遇をわきまえ、今明日のことに寸毫の欠陥なきよう、一途御勉強なされたく、千里の路も一歩より始まるものにて、いまだ立つことも歩くことも出来ぬものが、千里の先のことを考えたとて、何の用にも立とうや。ただ現在は時計の秒針のごとく、積り積りて不動なる未来を形作るものなれば、現在の用心が最も肝要に御座候。なおまた自己の薄志弱行を御自嘆の様子なれども、人は自己に問い、自己に答え、自力によりて発達するものにて、他人の訓戒などにて陶冶さるものには御座無く候。自分は自分で啓発するほか、ほかに途なきものに御座候。右御返事とす。以上

三月九日　　秋山真之

岡井君」

海軍省軍務局長秋山真之はこのとき、まことに頭脳明晰、論理整然であった。瑣末事ともいうべき、未見の若者への返書など、一気呵成に書き上げたであろう。しかしこの手紙が父を救うものとはならなかった。

父は兵学校を退学して旧制の一高に入学した。そしてそこで一人の友人を得た。佐野茂樹氏。その後、父は東大法学部に在学中、同じく法学部に進んだ佐野氏からある人物を紹介され、それが父の生涯を決定することになった。それは一ッ橋、東京商大の剣道部師範、真心影流第十五代、山田次朗吉である。山田はこのとき五十八歳。

「真の人物は当代一人もないという気位で、肝胆相照の仲であった佐野の言だから、謹んでお目にかかり」という父は、一ッ橋道場の千本稽古にまず驚いた。父は直ちに山田の門に入るのだが、それを後にこう書いている。

「夏日立ちきりの千本稽古。午前九時頃から午後三時頃まで立ち尽くしで相弟子にかかって来て

貰う。三百本位になると手は頭から上にはあがらなくなるが、向うは遠慮会釈のない若者だから命が危ない。ここで気というもの、心というものがありありと見える。それからが本物の剣であるとおっしゃった。稽古中にぶっ倒れ、千金丹、万金丹をかがされて、目が覚めたことが幾度あったか知れぬ、ともおっしゃった。古今の名人にはあることだろうが、死を賭して絶後に生きるような類のことを日課にする人は、古今未曾有であろう。大抵、名人も三十以後は栄達の人となるが、先生のは終世で、死生は念頭にないのだから、見ていて危険極まる」

勝負としての剣道に、それほど関心がなかった父も、山田が編み出した「法定四本」は教わった。これは剣道の型で、木剣で行う。また、赤樫五尺八寸五分の振り棒をあつらえて、毎日振ることも練習した。いま、私の手元に一枚の古ぼけた写真がある。何かの記念写真らしいのだが、五十人ほどの大学生のうち、冬だというのに、父一人が外套を着ていない。親から外套用に送って貰った金が、樫棒三貫目に化けてしまったのである。そして、彼はせっせと山田のもとに通ったと見える。

父は大学を出て判事になってから、山田次朗吉にさらに打ち込んだ。そして師の語録を「水心社清話」として筆で清書してまとめている。そこには修養の言葉と並んで、師の思想が語られている。

「日本のような貧乏国が陸海軍でも何でも、数で行こうなどというのが間違っておる。陸海軍などというものは、犬猫のかみ合い同然で、情けないものである。外交にしても、正なり義なりというところを失っておるから、支那にしても情けない現状である」

「日本は今や八方ふさがりである。支那でも然り。油断がならぬように思われている。正なり義なりというところがないから、馬鹿にせられるのである」

　父が山田次朗吉の人物と思想に傾倒してから、実はずっと考えていたことがあった。それは、山田を宮中に入れ、天皇の師の位置につけよう、ということである。父が国家は中心より滅ぶ、と考え出したのは一体、いつ頃だったのか。

「国家は中心から滅びる、下層階級からは絶対に滅びない」

　十三のとき、豊家興亡のことをしきりに考えていた少年は、成人すると、国家を己の倫理体系の最上位に置くようになっていた。そして帝王学が父の根本問題になったのである。

　東宮御学問所が開設されたのは大正三年（一九一四年）から大正十二年（一九二三年）まで。東郷平八郎が総裁であり、杉浦重剛が主として帝王学を摂政宮（後の昭和天皇）に講義していたが、父にはこれが気に食わなかった。杉浦、東郷は帝王の威厳だけを教える人だからという。

　父は「孩子陥井」という言葉をよく使った。ガイシカンセイ。みどり子が井戸に落ちようとする。誰が放っておけようか。国家が危機に陥ろうとする。責任のある人間はすべて、国家を我が身のように考えるべきで、これは当然ではないか。これが彼の考えである。そして責任のある人々の中で最も大切な位置にあるのは、もちろん中心にいる天皇である。「礼儀三百、威儀三千、何の価値がありましょうや」と父は言う。

国の中心の天皇には、まず、ものが見えていなければいけない。しかし鞠躬如《きくきゅうじょ》（註 身体を毬のようにこごめて、ひたすら敬意を表す姿）の臣下に囲まれて、果して見えるか。父のいう帝王学とは、君主を鍛えることであり、ここで山田次朗吉が登場する。

山田次朗吉を宮中に入れる意図について、父は晩年「天皇陛下と山田次朗吉」という小文を書いて、その中で次のように語っている。

「先生が陛下の心肝、陛下そのものを明君にする。陛下御自身の地位が御見えになられる。ものの神髄の会得である。会社の社長の地位の自覚、これは大会社といえども目に見える個体であるから容易であるが、国家という大なるがゆえに、したがってまた無形なものにあっては、憲法の条章に従うの他ない。それだけで足りるとお思いになる。重臣も評論家もことごとく法律や形式だけの、ともがらである。西郷南州、坂本竜馬、勝海舟なら分かろうが、さような人物は、朝野見渡すところ絶無である。先生を帝王の師に奉る者、われを置いて誰ぞや。おこがましくも獅子独往の気を起こした」

また、昭和四十七年（一九七二年）、七十七歳のとき、父はこう言っている。

「その時は第二次大戦のことは予想しなかったが、何となく中心から滅びそうな空気だった。その時も聞いとった。陛下を賢明にしたら、我々が困りますと大っぴらに言うんだ。宮内省の役人は。恐ろしい社会だ、宮中というところは。私が裁判所に入りたて、浦和におったが、県庁に岡本という事務官がおった。その人がテニスのお相手をするために侍従になった。それを聞いて、ほほう、これは困ったものだ。テニスもよかろうが、そのために侍従にするというのでは、陛下がどこに重きを置いておられるのかね。これは困ったものだ、と非常に憤慨したんだ。まあ、これは子供の時からの性癖だね」

昭和天皇が即位してまだ一年も経たない昭和二年（一九二七年）に父はまず、山田次朗吉を天皇の師に推挙する書簡を西園寺公望に送った。もちろん反応は無かった。

「巻紙二間に余る長い手紙を書いた。興津の坐魚荘（註　西園寺の住居）に蔵があったら、今でも残っとるだろうが」と父は言ったが、こういうところ、父は甘い。西園寺の主義からいって、父のタイプの意見に耳を傾けるはずがなかった。それに、西園寺が天皇に「君臨すれども統治せず」を教えた有名な出来事が起こったのは、ちょうどこの頃である。

昭和三年（一九二八年）六月、満州駐屯関東軍の高級参謀河本大作は、満州に混乱をひき起こすため、実権を握っていた張作霖を列車爆破で殺害した。この時の首相田中義一は、世間には真相を隠したが、天皇には河本を軍法会議にかける旨、上奏している。しかし実際に行われた処分は、河本を退役処分にしたのみであった。田中がこの結果を上奏したのは、張作霖爆殺の一年後だったが、天皇は前の報告を覚えていた。そして田中の違約を責め、田中から話を再び聞く気はない、とまで言い、そのため田中は辞表を提出した。すると西園寺はこの天皇の振舞いを非常に遺憾として、きつく天皇を諫めた。そして以後、天皇は政治的決定にかかわるような言動に、細心すぎるほど注意するようになったという。こうして無責任の体系が進行するのだが、この西園寺の進言について、最近の史家の中に「なるべく盲判を押すようにしなさい、と天皇に勧めたということです」と語る人がいた。なるほど、これはうまくまとめている、と私は思う。

西園寺流の「立憲君主」がいかに現実とかけ離れたものであるか。総理大臣経験者がそれを指摘する。終戦後、戦犯容疑で服毒自殺した近衛文麿が次のように書き残した。

「日本憲法というものは天皇親政の建前であって、英国の憲法とは根本において相違があるのである。ことに統帥権の問題は、政府には全然発言権なく、政府と統帥部との両方を抑えうるものは、陛下ただ御一人である。しかるに陛下が消極的であらせられる事は、平時には結構であるが、和戦いずれかというが如き、国家生死の関頭に立った場合には障碍が起こり得る場合なしとしない。英国流に、陛下がただ激励とか注意を与えられるとかいうだけでは、軍事と政治外交とが協力一致して進み得ないことを、今度の日米交渉において特に痛感したのである」

昭和天皇は、日米開戦直前の昭和十六年（一九四一年）十一月終りから十二月初めにかけて、国の運命がかかった時のことについて、「昭和天皇独白録」に次のように述べている。

「宮（註　高松宮）の言葉によると、統帥部の予想は五分五分の無勝負か、うまくいっても、六分四分で辛うじて勝てるという所だそうである。私は、敗けはせぬかと思うと述べた。宮は、それなら今止めてはどうか、と言うから、私は立憲国の君主としては、政府と統帥部との一致した意見は認めなければならぬ。もし認めなければ、東条は辞職し、大きな『クーデタ』が起こり、かえって滅茶苦茶な戦争論が支配的になるであろうと思い、戦争を止めることについては返事しなかった。

十二月一日に、閣僚と統帥部との合同の御前会議が開かれ、戦争に決定した。その時は反対しても無駄だと思ったから、一言も言わなかった」

昭和天皇は、国の命運が天皇一人にかかっているという時、何と、世捨人だったのである。そして天皇は、それを「立憲政治」と言う。

「開戦の際、東条内閣の決定を私が裁可したのは、立憲政治下における立憲君主としてやむを得ぬことである。もし己が好むところは裁可し、好まざるところは裁可しないとすれば、これは専制君主と何等異なるところはない」

昭和天皇はまた開戦時、英国と戦うのは断腸の思いと語ったが、国民への思いは「独白録」では示されなかった。父は「昭和天皇独白録」を知らずに死んだが、終生、「陛下が吐血絶息するまでの心力を傾倒される時、事成らざるはずは絶対にない。天下国家のため、世界のため、声涙共に下るの慨がまるで無かったのではないか」と嘆き続けた。こうなるのを恐れたからこそ、父は山田次朗吉推挙に奔走したのである。

父は西園寺に働きかけた翌年の夏、今度は宮内大臣一木喜徳郎にねらいをつけて面会を求めている。しかし「反応も何も無かった」という。

父が最後に頼りにしたのは、侍従長鈴木貫太郎である。昭和四年（一九二九年）の夏、彼はまた上京した。このとき広島地裁判事だったが、ふいと「明日東京行く」と言い出して発ったのである。父の話はテープにとってある。

「昭和四年の夏だった。絽の袴をはいて、侍従長官舎に乗り込んで行った。靖国神社のところのお濠端が曲がるところがあるだろう。あそこに宏大な侍従長官舎があった。この人は度量広闊、礼儀正しい。というのは私のような若僧が行っても、矢絣の夏の浴衣の上に、袴をはいて自分の家で会うんだよ。今はそんな事をする人はないだろう。度量広闊、怒らんねえ。ちゃんと話を聞いてくれた。これは敬服するけれども、識見という点では、どうかと思ったねえ。それはちゃんと聞いてくれたよ。私はそういう所へ行くと、真剣勝負だから、いわゆる徒《あだ》し事（註 無駄な事）なんか何も言わないんだ。というのは帰ってから後では、もうまた会えないだろう、ああいう偉い人には。そこで宿へ帰って後に言い残しがあっては、地団駄ふんで悔しがるだろう。それを会見中からもう恐れたんだね。そして一時間十分、国の興亡史談を論じた。当時の日本は皇室中心の国だから、中心から滅びる。下層階級からは絶対に滅びない。それで陛下を明君にしなければいかんと。明君にするには、杉浦重剛さんなんかが講義するのではいかんので、それより帝王学が骨髄にならなければいかん。ノートを拡げて見たりするのではダメであって、こう、身体から教え込まなければいかん。

私が山田先生の人物をお話すると、鈴木さんのおっしゃった事はただ一つ。『それだけの修業がお出来になったことを伺っただけで、すでに山田先生は偉人です』

私は鈴木貫太郎さんに、日本は中心から滅びる、の議論をひっさげて行って、その前にも大分、長いものを毛筆巻紙で送った。そして、これでも落ちがあってはいかんと思うて『明日は御予定は』と聞いてみたんだね。何なら今、御約束しとかんといかん、と思うてね。そしたら『明日は私は葉山の御用邸の当番です』とおっしゃってねえ。ほほう、この人は御用邸の当番も良いけれども、何も侍従長がわざわざ、当番に葉山に行かなくても良さそうなもんだ。その時の音の響きで異様に感じた。何も『それがどうしたか』と人様はおっしゃるだろうが、私の感じでは、その一言で、ほほう、困ったねえ、と思った。まあ、私は一時間十分の話をしたのだから、よく言えば『私の方から聞きたい事がある。宿は何処ですか』くらい聞くかと思ったら『御用邸です』。

この人は普通の官吏の気位しか持っておいでにならん、という感じだね。侍従長の官制に書いてあるだけの規則に従うたらよろしい。それだけの人かなあ、と思うたらガッカリした。今でもガッカリしとる。この点はもし、これが成功しとったら、と思うねえ。成功しとって、山田先生が宮中に乗り込んだら、宮中の風が変ってくるんだね。そうしたら日本は変っとったよ。これは断言してもよろしい。必ず変っとった」

父が国家を論じても、鈴木は天皇家の執事役の頭から出ない。しかし父は真剣だった。その時の様子を母が語っている。

「鈴木さんに話している間、手をピッシリつけたまま動かさなかったんでしょう。膝の位置に二つ、汗のシミが出来て色が変ったものだから、あと袴は使い物にならなかった」

父は鈴木貫太郎に会った後、山田次朗吉の道場に行ったものと思われる。師の言行録である「水心社清話」はそれを次のように伝えている。

「我々ごとき者を貴方の御尽力、実に有難い。そりゃ私が出れば、それこそ粉骨砕身でやります。修養をしようと思うていたのであるが、ここで生命を投げうつのである。（余知らず知らず、頭下がる）何、不敬と言ったと。とにかく君が言ったのに対し、向うでは腹に響いているはずである。それまで思うてくれるとは、いや、この私の値打があるように思うてくれる者は、貴方一人だろう。近くにいる者は疎遠で、遠くにいる者は情が深いとは、妙なものです。

自分は四巻も天覧本を書き、自分の一生として、過ぎたるものと思うている。今のようなお話があれば、自分としても、さらに生き甲斐のあるわけである。無茶な修業はせぬから安心して下さい。君も余り丈夫な方ではなし、本務もあることですから、もうこの上は放っておいて下さい。それこそ明日朝でも、目をつぶってみれば分かることです。（余この事、大正十二年［一九二三年］頃に発し、大正十四年［一九二五年］末、退京来、書信五、六次に及ぶを述べ、先生の御叱責の大いに到らんことを予期したるに、図らざりき、先生の私心なき、邦家のためを思わるるの厚きにやあらん。余の僭越をとがめ給うところなきのみか、厚き感謝の意を表さるること、ああ、この至人の斯言、余一生の栄誉や感激や、到底筆舌の尽くす能わざるところなり。余の克己、自制、奮起、努力の生活も、またこれより出でん。しからずして何をもって先生に見えんや。余や、大言壮語に対し、赭顔《しゃがん》（註 赤ら顔）に堪えざらん。今にして、なおかつ覚らずんば、汝、ついに軽薄、言を弄ぶの徒のみ。知らず、我は堅剛男子たるの態度、決せり。すでに着々として物質を棄つ）私に自由にやらせれば、そりゃ偉いことをします。誰にも劣るものではありませぬ。大言には似たれど、それこそ踏み込んでやりますわい。（余、商科の人のなぜ、途ここに出でざるをいぶかる）そりゃ商科の生徒達は小さいことしか分からぬ。天下とか国家とかの事になって来ると、情けないものでごわす。そんなことには気が付かないのです」

師弟で喜び合ったのは、もちろん、ぬか喜びである。鈴木貫太郎からは何の音沙汰もない。そして、父が鈴木に会って半年もしない昭和五年（一九三〇年）一月九日に、山田次朗吉は突如、永眠した。享年六十八歳。父の計画はまったくの頓挫である。山田は没する前日の一月八日まで、東京商科大学（現一橋大学）道場で稽古をつけ、帰りにまわった東銀座の弟子宅で、集まった他の門人と談話をかわしているうち、脳溢血の発作を起こしたという

いま私の手元には、鈴木からの筆書きの年賀状が一通ある。

「謹賀新年　昭和五年一月　鈴木貫太郎」

消印は東京中央局一月六日だから父の賀状への返礼と思われる。父は面会後も、鈴木との繋がりを保とうとして手紙を送っていたに違いない。それが山田の死ですべて終わったのである。

昭和六年（一九三一年）、中国東北部、満州の柳条湖で、日本所有の南満州鉄道の爆破事件が起こった。これは南満州鉄道を守る関東軍がやったもので、首謀者は、関東軍参謀石原莞爾だが、

関東軍は中国人の仕業と偽って総進撃を開始し、またたく間に満州全体を占領した。しかし軍の不穏な動きは、事件発生前から分かっていて、現地の総領事館からそれを伝える報告が、外務大臣に届いていた。そして同様の報告は事件後も寄せられ、外務大臣は陸軍大臣を追及している。だが、疑惑が向けられたのもここまでで、一般国民には関東軍の謀略が報道されることはなかった。国民は、つんぼさじきに置かれたのである。

昭和天皇はこの国家犯罪を知っていた。昭和天皇独白録には石原莞爾について「一体、石原という人間はどんな人間なのか、よく判らない。満州事件の張本人でありながら、この時（註 二・二六事件）の態度は正当なものであった」とあるから、満州事変の全貌について報告を受けていたのである。昭和天皇は満州事変が一段落すると、「関東軍に賜りたる勅語」というのを出した。内容はもちろん、関東軍はよくやった、というものである。

石原ら関東軍は天皇から誉められることを期待して忠誠競争をやったのだが、期待通り、よくやったと誉められる。天皇は国家犯罪であると知りながら軍を誉める。まさに父の言う「国家は中心より滅ぶ」が絵に描いたように進行していた。しかし、その肝腎なところは隠されていたから、国民には分からない。父にも分からない。父が鈴木貫太郎に会って「国家は中心より滅ぶ」の論を説いて三年も経たないうちに、父の恐れた状態になっていたが、このとき父は、山田次朗吉が亡くなった事もあって「私は裁判で名人芸を出したかった」などと、別な方向を向いていたのである。

ここで昭和天皇の名誉のために言うと、昭和天皇は西園寺の「君臨すれども統治せず」で道を誤らされたのである。昭和三年に昭和天皇は、張作霖爆殺を責めた。その昭和天皇は、昭和六年には南満州鉄道爆破を黙認したのみならず、誉めもした。その間にあったのは、西園寺の教えである。昭和三年から六年に至る間の変化。この因果関係の原因と結果――それは余りにも明らかであろう。

陸軍は、満州国建国ぐらいでは満足しなかった。満州に隣接する中国領に次々と傀儡の自治政府支配の地域を作り、その地を準満州国化した。そして、この侵略は北京にまで迫ったのである。当然、中国民衆の間には、祖国防衛の気運が高まる。日中戦争が起こったのは、このような空気の中においてである。そしてそれは太平洋戦争へと拡大した。

太平洋戦争の開戦は昭和十六年（一九四一年）十二月八日だが、戦後長い間をかけて段々明らかになったところでは、戦いは勢いに流された結果であって、陸海軍が完全な一体感に達していたのではなく、補給計画もきちんと作られていなかったという。

「是非やれと言われれば、はじめ半年や一年は、ずいぶん暴れて御覧にいれます。しかし二年、三年となっては、全く確信は持てません」と政府首脳に語った連合艦隊司令長官山本五十六は、真珠湾攻撃にあたり知人に次のように書いた。

「個人としての意見と正確に正反対の決意を固め、その方向に一途、邁進の外なき現在の立場は、誠に変なものなり。これも命というものか」

阿川弘之著『山本五十六』のこのくだりには、父の「明白ナル敗戦表明」の書き込みがある。そして、これも戦後半世紀近く経って分かったことだが、先に述べた通り、昭和天皇は戦争を始めるというのに世捨人であった。立憲君主として盲判を押すだけだったのである。

父はこの頃、横浜地方裁判所判事として、判事の普通の仕事をしていた。冬休みには故郷にも帰っている。

「昭和十八年（一九四三年）一月三日　本屋を巡り、唐宋八家文を購い、城山に登り、碧山を眺め、新川、郡中に臨み、道後温泉に浴す」

しかし、その平穏な日々の中、何かが起こり始めていた。この頃の古いノートにはさんで、旧い新聞の切り抜きが出て来た。時事、随想から碁譜にいたる種々雑多なものがあったが、その中で私は、見逃してはならぬものを見付けたように思った。それは戦時中の立法に関する記事である。この年の初め、戦時刑事特別法改正案が衆議院に上程された。改正案の主な点は「戦時に際し国政、その他、安寧秩序を乱すことを目的として、いちじるしく治安を害したる者は七年以下の懲役または禁錮に処す」で、それはまず委員会にかけられた。この条文をかみくだくと、司法大臣の次の答弁になる。

「俗にいうデマとか怪文書とかいうものは、従来、なかなか検挙の出来ないものだったが、今回いよいよ重要な犯罪として、この法律規定の厳罰をもって臨むことになるから、これに対する検挙については、全力を注ぐようになろうと思う」

そこで国会では「憂国の至情に発しながら、改正案にふれる場合はどうか」などに論議が向けられたが、刑事局長は「国の基本的政策にふれる場合は、十分国政を乱すものであり、愛国の至情というようなことは、斟酌すべき情状の問題に過ぎない」と答えている。さすがにこれは無視できず、検討有志代議士会というのがもうけられ、「改正案は、国民の政治運動に最も重大な関係がある」として、約五十名が院内に集まった。反軍演説の斉藤隆夫、戦後首相になった鳩山一郎、三木武夫、憲政の神様と言われた尾崎行雄などがこの時の議員である。そして有志代議士会として、同法案に対して否決の態度で臨むことを申し合わせた。

しかし、この間に政府の切り崩しがあったのだろうか。早くも数日後の新聞には、「目下のところでは二十名の賛成者を得て、修正案を本会議に提出することは至難とみられる」の記事がある。そして最後の報道では何と「少数の修正派議員は欠席していたので、委員長報告通り満場一致可決成立」と記されている。戦後、もてはやされた人たちは、すべてこの時、法案に賛成したか逃げたかである。

父がこの記事をどういう関心で取っておいたのかは、明らかである。彼のメモに「近頃のお粗末な法律、言論取締諸法令改正案。阿諛便佞《あゆべんねい》（註　おべっか、へつらい）の徒は町野に横行し、至誠の士は憂憤、ついに黙し得ずして、ややもすれば囹圄《れいご》（註　獄の人となる」という書き込みがある。

父が、この頃使っていた別のノートは、論文抄録に多く使われているほか、漢文の写し書きが間に混ざっている。その中に筆でわざわざ大書した一文があった。

「朽木不可雕也、糞土之牆、不可塗也」

キュウボクはホルべからず。フンドのカキはヌルべからず。腐った木には彫刻できない。ごみ土の垣根には上塗り出来ない。

昭和十九年（一九四四年）の父の日記は、矢張り元日を郷里で過ごしたことから始まっている。

「一月二日　十一時、昼食の御馳走に預る。お餅お酒。それより松山に行く。酔中、城山を眺めつつ。絵の如し」

しかし二月になると、それまで無かった戦争のことが日記に記された。

「二月十九日　トラック島米軍空襲。新聞一斉に書き立てたり」

父はそれから東条首相が参謀総長を兼任したことも記し、数日後には書斎にこもった。彼は東条首相に長い手紙を書いたのである。しかも二度書いた。最初の手紙に反応が無かったから――

父は七十七歳のとき、それを振り返って次のように述べた。

「私はロクロク新聞を読む暇もなかったが、どうもこれでは日本は駄目になる、と思うとった。それでこんな性格だから、横浜の裁判所の判事連中に『これはと思うような人物は居らんですか。

私は捜しておるんです』と聞いた。すると、ある人は遠藤三郎という航空の長官の名前を言った。この人は陸軍中将だ。しかし、新聞にもちょいちょい写真も出よったが、あれはあれだけの人だ。『ア、駄目ですよ。他にないですか』と言うと、判事連中、見聞も狭いかもしれないけれども、とにかく、あるべしとも思われなかったから、それで、はなはだ物足りないが、東条さんは当局者プラスがあるから、他に無いものを持っておる。そしたら生じっかな人に話しかけるよりも東条さんが一番良かろうと思って東条さんを選んだ。物足りなかった、始めから。何も人物と思うて相手にしたわけではないんだ。あの人は動作が活発で音声が朗らかで、演説が巧いんだね。そこで人はあの人を秀才と見誤るんだ。中身は何もないが。それから、うすうす新聞記者なんかに聞くと、政治家にとって代った軍部も、大分堕落しとるようである。形式主義になってしまっとって、このままでは日本は滅びる、ということで昭和十九年の三月だったか長いものを出した。それからその次が猛烈だった。必ず国は滅びると。閣下は初めて国を滅ぼす人であると。足利尊氏は——まあ足利尊氏といっても、今は問題だろうが——逆臣で通っていた。しかし、この人は可愛らしい逆臣である。何となれば国を滅ぼさなかった。しかし貴方は国をまさに滅ぼそうとしているのだから、足利尊氏どころの無邪気な逆臣ではない、とそれを書いたんだね。そしたら、それを司法省へ東条さんが言った。赤松大佐という秘書官が言って来たんだね」

父の手紙は残っていないが、書き残されたものなどから、筋道は大体つけることが出来る。「国家は中心より滅ぶ」を言う父は、自分には人に見えないものが見える、との自信を持つ。天皇に対する忠誠は、鞠躬如、礼儀三百威儀三千の姿となって形式化している。人は、ただこれを称えるが、彼はこれを滅びととらえる。大本営は、形式の取り繕いに努め、ゴマカシの発表に走るではないか。系統内の忠誠心から、陸海軍は足を引っ張り合う。しかしそれを批判することすら、言論取締諸法令によって、人々の目から隠されている。

「世、人は民をして知らしめず、言論を押圧するをもって、単に政策、主義、方針の問題たるかの如く為せども、小官は、首相以下、天下の至誠に出でざるが故に、国民のこれを攻撃せん事を恐れたるによるもの、と断ぜんと欲す。主義の問題にあらずして誠意の問題なり」

そして父は更に言う。

「ほのかに聞く。昨年、首相暗殺事件のごとき、法相は、いかなる認識を得たる。もしその認識にして、真に肯綮に当たり、これを活用するの胆勇ありたりとせば、如何。これにより内閣、瓦解すべくして瓦解したらんには、天下の幸慶、これより大なるはなし。もしまた存立を許さざるほどの事由ありながら、これを認識し得ず、認識し得たりとするも、これを活用し得ざりしがため、瓦解を免れたらんには、国家の災厄、これより甚だしきはなきなり。

法相は首相に向い、いかなる忠言を国家のため、敢てしたる。恐らくは事の未遂を喜び、首相身辺の厳戒を進言したるのみならんや。この法相、首相のためには慶すべく、国家の不幸、また極まれり」

父が首相に送った最初の手紙は恐らく、国を建て直すために、迫りつつある危機を訴えること、それだけに止まったであろうが、二度目の手紙では調子をすっかり変えて、国は必ず滅亡する、首相は最大の逆臣になると断定し、降伏、亡国にまで言及したので、首相の逆鱗に触れたのだろう。亡国は父の避けたい言葉、かつ言わざるを得ない言葉となった。

この時のことを母は後に次のように語った。

「何か、お父さん、しきりに毎日書いていらしたから、勉強をしてたのかと思ってたら、とんでもない話だった」

わが家の空気も次第に変って来た。親は言わないけれども、何か問題が起きているのは分かる。あれはまだ、梅雨の頃であっただろうか。薄ら寒い印象が残っている夜、姉妹と私、きょうだい三人は、母の帰りを待ちわびていた。母は裁判所の所長に呼び出されていたのである。夜遅く、食事も済んで随分たった頃、ようやく門の開く気配がし、きょうだい揃って玄関に出てみると、母が疲れた顔で入ってくるところだった。そして私達のためらい勝ちな問いかけに、答はほとんど戻って来なかった。私はすぐ引き下がったのだが、翌朝母の顔を見るまで気がかりは消えなかった。

この後、母はもう一度呼び出され、再び父に対する辞職勧告に協力して貰いたい、と所長から要請されたのだが、いずれも断った。その最初に呼び出された時のことを母は最晩年に書いていて、私は母の没後、戸棚にあったノートを開いて初めてそれを読むことができた。

「ある日突然、裁判所から私に呼出しが来た。行ってみると、所長室で直ぐに用件が告げられた。所長は、東条さんに『戦争を止めろ』という手紙を出すような部下は迷惑だから辞めさせたいが、当時は判事は天皇による任官であるから、どうにもできない。本人から辞表を出させたいが、言っても聞かないので、私から勧めて辞表を出させようとしたのである。所長曰く、辞表を出さないで辞めさせられれば、一家の不名誉になり、恩給は飛ぶし、子供も世の中に出られなくなり、孫子の末まで駄目になると。それで私にぜひ説得せよと言うのである。私はその時、戦争を止めるのは悪い事ではないので、キッパリと、私は悪いと思わないから、出すようには言わないと言った。するとそれが役所中の評判となり、キツイ奥さんだということになった。私は、恩給が飛んでも田舎へ帰って百姓でもすれば、食べられなくはないと思っていたのだが、こんな立場になると、人間は現金なもので、みんなソッポ向いて村八分のようになった。

役所は困って裁判にかけるだろうが、懲戒裁判ということになれば非公開でどんな事でも出来る。私は、今は子供も小さいからよく分からぬが、大きくなったら分かってくれるだろう、と思った。ヒッソリ暮していたため少しの貯えがあって、それでやっていく積りだったが、いつまで続くやらと不安な気もした――」

梅雨があけて夏らしくなった日の夕方、珍しく父のところに三人もの客がやって来た。裁判所の父の同僚ということだったが、私の印象では乱入されたようなものだった。それは、応接間を子供部屋兼用に使っていた私たちが追い出されたからだけではない。父に比べるとまるで瀟洒なその人たちが、声高に喋り笑い、そして父が冴えない調子でボソボソと受け答えする、その様子が子供心にも何とも屈辱的だったからである。別の部屋で声を潜めていた家族にとって、それはいわば嵐であった。事実、夜ワッと引き揚げられたその後は、奇妙な静けさである。

しかしその晩、しばらく経つと、締められた戸はまた叩かれた。私が出て行くと、鍵を開ける前に、外から気軽な声がかけられた。

「やあ、坊ちゃんですか。済みませんなあ、何度も。近くだからまた来ました」

そして確かにさっきの客の一人がサッと入って来たのだが、私は身を固くした。彼の後ろに憲兵でもついて来はせぬか、と思ったからだ。それはもちろん思い過ごしだった。彼は軽やかな足どりで入ると、自ら門の扉を閉め、私に愛想めいた言葉さえかけたのだから。

今度は静かな会話だった。しかし、それはいつ果てるとも知らず、気にしながらも私は眠ってしまい、客の帰ったのを知らなかった。翌日聞いたところでは、深夜、市電の停留所で五つ六つ先にある自宅まで、彼は歩いて帰ったということだった。

父の昭和十九年の日記には、七月五日から首相に手紙を出した件が初めて登場している。

「**七月五日　午後一時、所長室にて東条首相宛書信問題。**

七月六日　朝、所長に懲戒裁判希望。夕方、所長に、大臣の見たるや否やを確かめられんことを願う。

七月七日　辞表提出拒絶す。
七月八日　妻、午前十時、所長室出頭。会見十五分間。午後一時過、所長、大臣面会取計らい方を諾す」

父のノートには文官懲戒令の条文の写しが書いてある。
「文官懲戒令（判事懲戒法）
一、職務上の義務に違背し、または職務を怠りたるとき。
二、職務の内外を問わず、官職上の威厳または信用を失うべき所為ありたるとき」
「八月二十八日　所長より今明日、懲戒裁判に付せらる由、承る」

この時の裁判所の通知が残っている。

「決定

横浜地方裁判所判事被告　岡井藤志郎

右に対する判事懲戒事件につき、当裁判所は判事懲戒法第五十一条第一項により、検事の意見を聴きたる上、職権をもって決定すること左の如し。

本件懲戒裁判手続き終了に至るまで、被告の職務を停止す。

昭和十九年八月三十日　東京控訴院における懲戒裁判所　裁判長判事　霜山精一」

この夏、都市に住む学童の、縁故または集団の一斉疎開となったが、我が家は八月中は動けなかった。母が妹を連れて田舎に発ったのは、新学期が始まってからである。

「九月六日　愛子、淑子の疎開につき帰郷」

裁判はこの後、始まった。父が懲戒裁判の被告になっていること、また給料も止められているらしいこと等、私は薄々は分かっていたが、それをはっきり知ったのは、ある日、壁にぶら下がっている父の野良着のポケットから、一通の封書を抜き取り、盗み見することによって、である。それは召喚状であった。私は「被告」に偏見を持って、罪人と同じように見ていたので、父の置かれた状態を非常に心細いものに思った。そして「東京控訴院における受命判事」という肩書きが、なおさら厳めしく私の目に映ったのである。

「十一月十八日　陳情書原稿用紙にて百三十頁を発送す」

陳情書は、はるか昔の、山田次朗吉推挙のことから書き始められたらしい。それは断片メモから分かる。

「忠誠をもって聞ゆる鈴木貫太郎侍従長の態度は、今もって不可解千万なり」

「山田氏没後、陛下が、かかる国宝的人物あるを聞き給い、『何ゆえ、言わざりし』の御下問あらば、いかに奉答なすべきや、の老婆心をも呈したり。しかるに侍従長、何等の行動に出ず」

陳情書というのに鈴木貫太郎を非難しているのである。あるいは父は、自分の裁判だというのに、このことばかり書いたのかも知れない。別のノートには、陳情書に関係するのではないかと思われる走り書きのメモがある。

「私のやりました事は、国家の運命、しかも現在の迫れる運命と深き深き関係を有することこそ悲しけれ。判事は国家のためを考えるを要す。国家がこの状態では、司法省がこの状態では、いくら闇征伐をやっても駄目という場合に、これが救済案を講ずる。判事の身分上からいえば、上官たる首相に致す。これも判事の職務である。これをせぬのは国家に対する不忠行為。国家そのものが闇になる。覆滅する。泥舟の局部を修繕する。これをせめて木舟に改めることをしたい。法相は首相の鼻息をうかがう。これ、陛下を輔弼《ほひつ》（註　天皇の政治をたすけること）し奉る国務大臣たるに非ず。東条の家の使用人たる態度、不忠不臣なる。

今次の戦争に限り、勝てなければ亡国とは何人も言う。このままでは到底、勝てぬと思う。しかれば、そのままに放置するは如何。そのままに放置するは、国家に不忠の行為なり。

サイパン島玉砕発表、遅滞。黙っていたところに国家を好い加減にする考えを見る。軍需調弁価格の過当。東条首相無誠意論、予のみ」

十二月の初めから、私は学徒動員の中学生として横浜北部の通信機工場で働くことになった。

この頃、父の給料差し止めの影響はもう出ていた。母は近所の家の裏庭につながる土地を借りて畠を作っていた。これは踏み固めたような荒地だったから、開墾が我が家の大きな仕事になって、休みの日には私も手伝わされた。

そんな中、父は石原莞爾が東条打倒に動いた話を聞いて、石原に手紙を書いたら葉書に鉛筆書きで断りの返事が来たという。後に父はこの時のことを「溺れる者は藁をも掴むの気持ちで」と書いている。父はもちろん石原が柳条湖事件の首謀者であったことなど、知らなかったのである。

「昭和二十年（一九四五年）二月十日　懲戒裁判第二日。警戒警報解除を待ち十一時開始。十二時終了。

二月十八日　懲戒裁判送達を受く。失職の言渡也」

失職の言い渡し、と父は簡単に書いているが、この判決の特別送達を受取ったのは私だった。たまたま私の休みの日、郵便配達員の届けた大事そうな封書が懲戒裁判のものであることは、裏を引っくり返してみると直ぐに分かった。私はそれを父の書斎へ持って行ったが、中身が気になって仕方なかった。そして見てやろうと機会をうかがっていたのである。

やっと父が手洗いに立ったとき、私は急いで父の書斎へ入って行った。机の上にはさっきの封書が置いてある。急いで中を引き出して、折りぐせのついた和紙の束を拡げると、鮮明な文字の幾つかが、たちまち目に飛び込んで来た。

「判決　主文　判事岡井藤志郎を懲戒免職に処す。官職上の威厳信用を失うべき所為に該当し——

―」

それは手紙を受取った瞬間から、とうとう来たか、と覚悟していたものであり、同時にそんな事があるはずはない、と否定していたものでもある。

しかし私は感慨にふけっている間はなかった。横綴じの紙をあわててたたみ、どうやら封筒に押し込めたが、余裕はまるでなかった。私は急いで廊下に出ると、手洗いから戻る父とすれ違った。父は、私が何をしていたかについて、少しも疑いを持たないかのような様子だった。ホッとした。

だが落ち着くと、私はかえって心配になって来た。我が家が世間から孤立していることが、ひしひしと感じられる。少し前、私は郵便受けに一枚の紙が入っているのを見た。大きな字で「非国民」と書いてある。それだけだったが、それは私の胸に突き刺さった。そっと誰かが入れたものだ。父が裁判にかけられていることを知って書いたのは疑いもない。誰か。隣近所の誰でもそれを入れて不思議はなかった。離れたところにいる人が父の事を聞いて憤慨して、わざわざ投げ込みに来ることもあり得る。「義憤」だ。私は友達が横浜駅の地下道で、米兵捕虜の連れられるのにたまたま遭遇して、尻を思いきりひっぱたいてやった、と得意げに語るのを覚えていた。義憤に燃える人はいくらでもいるに違いない。私はごく自然に母に紙を渡した。母はびっくりしたような息を飲んだような表情になって、何も言わなかった。親子とも青い顔をしていたのである。

しかしそれから母は、かすれた声で言った。

「お父さんほど国のことを思う人は無いんだからね」

私はすぐに立ち去った。その方が私にとっても母にとっても、良いように思われたからだ。しかし変な紙はもう一度入った。これも見付けたのは私で、それには「非国民　配給を取るな」と書いてあった。配給を取るなというから、これは隣近所の人か。我が家は追いつめられている。しかしそれを渡したとき、母は「心配するんじゃない」とだけ言った。それは自分に言っているようだった。そして、それきり親子は最後までこの話をすることはなかった。幸いな事に、それ以降、紙が投げ込まれることはなかった。

懲戒免職の一審判決に対して父は直ちに控訴した。

「二月二十日　控訴の中立。

国家の危急を憂いたるが故に今回の挙あり。されば小生の処分の如き、最初より意に介せず。ただ検事の論告と原判決と、共に根本を逸す。座視する能わず。

東条内閣の怠慢と国民瞞着は国家滅亡を来す。

国内を頽廃堕落のままに放任し、世を欺きたる結果は如何。艦船の被害多し。これを秘するも、その実を見聞する者、これを相伝う。造言蜚語《ひご》（註　根拠のない噂）また跳梁す。民衆、疑心暗鬼、害毒、実に恐るべし。かくては手のつけようもなし。一個の造言蜚語を検挙するも、何の益あらん。

政府等指導者の心、国家に在らず。私心に覆われ、利害関係は他にあり。ゆえに抑圧恣肆《しし》（註ほしいまま）なり。かくの如くして戦勝せば、かえって日本国民の将来を毒さん。戦勢の恐るべきは寸毫《すんごう》（註　寸分）の失も、ある程度に達すれば、円石を千尋の谷に転ずる如く、敗亡底止すべからざるにあり。これに対し、有効痛烈の策を講ずるにあらずんば、国家も天皇陛下も共に亡びん。

小生の挙は最小限度のものなり。その時期すでに遅し。また余りに微温的なりしを悔ゆるのみなり。この事態において、なお国家を救うの術ありや。満天下、首相の鼻息をうかがうのみ。元老、重臣、文武官僚、言論人、議員、一人の決起する者なし。

三月八日　控訴状を提出す
三月十日　夜半、東京大空襲を受く」

この後、五月には横浜にも大空襲があったが、市の外れにあったわが家は焼失を免れた。

「七月二十日　小石川久野町、付属師範国民学校、大審院出頭。鑑定人訊問」

懲戒裁判第二審の様子を、父は晩年になって次のように語った。

「第二審の裁判長は三宅正太郎、前に司法次官をやった人だね。第一審の裁判長の大森洪太も司法次官をやっとるから、部内のいずれも一流の顔を揃えたんだね。三宅さんは『裁判の書』という有名な本を書いた人だよ。

その時分は空襲が始まりそうな時で、小学校の講堂か何か、歴史の図面が掲げてあるようなと

ころで裁判をやった。そうしたら三宅さんが、

『貴方のお書きになったものは、正気でなくして、何かその時の気分が妙になって、お書きになったんでしょうなあ』

と言ったんだね。それで
『何をおっしゃるんです。正気も正気。まだ遠慮し過ぎた。後悔しとるんです。何たる生温いことを書いたかと』

それから、

『貴方がたは、この戦争の現勢とか、そういうものは見えんのですか』

と言ったんだね。そうしたら、

『バカァー』

と大きな声で三宅さんが私に怒鳴りつけた。それで、ははあ、おいでなさったな、と思うたから、

『貴方は、その程度を以て腹芸と思って居られる。その浅薄さがいかんのです。首脳部に居られる方は。その浅薄さが国を滅ぼすんです。それでよく、夕飯が食べられる事ですな』

と言ったんだねえ。そしたらまた、今度は、陪席も二人おったが黙ってしまった。分かったんだろう。分かったと見えて、今度は、私に対する言葉や態度も、丁寧になってきた。こっちも恥をかかすのは嫌いだから、神妙な態度で調べに応じていった。

まあ三宅さんにすれば、厄介な問題だし、正気でないということで辞表を書かすのは、この人

の為だろうぐらいに思ったんだね。こちらはまるで考え方が違っているんだから、問題にも何にもならないんだ。だが、私は法廷で当局を論難したかった。

鑑定人もつまらなかった。私が裁判にかけられてから、大学で精神鑑定された。来いというので大学病院に行ってみたら、しきりに
『貴方に投書の癖がありませんか』

と聞くんだね。何たる事かと思うたよ。それが専門家というもんかねえ。戦争が終って、裁判記録を見せて貰うと、やはり投書癖とか何とか書いてあった」

大審院の三宅判事は父に好意を持っていたのである。彼はリベラルな判事で、被告と以心伝心、うまく処理する積りだった。しかし父が乗って来なかったから腹を立てた。三宅判事にとって予想外だったが、父にとっては最も主義に反するやり方だったのである。

父のノートには、この後、冬までの記述は二つしかない。

「七月二十七日　夜来吐気。眩暈《めまい》する。寝ていても、寝ていても、汗をじっとりかく」

「九月二十六日　東大精神科教室　内村教授」

東大精神科教室というのは、父が三宅判事から精神鑑定を命じられての出頭で、内村教授というのは内村鑑三の息子である。これは、もう戦争が終わってからの裁判の続きで、その前に終戦があった。

終戦の日、私が工場から早く帰ると、両親がチャブ台をはさんでひっそり向き合っていた。父

の日記には終戦の記述はまったく無い。父母が何を話していたのか、今はもちろん全く分からないのだが、父が痩せこけた浴衣姿でいたのは忘れない。父は「七月二十七日　夜来吐気。眩暈する。寝ていても、寝ていても、汗をじっとりかく」と書いたあたりから、ずっと床に就いていたのである。彼はそれまで病気というものをしたことがない人間だった。それが、物が食べられないようになるほどになって、長い間、脂汗をかいて寝ていたのだ。私は我が家が医者を呼べるような状態でないことは分かっていたから、母に医者のことは言えず、ただ心配するだけだった。しかしどういう経過をたどったのか、とにかく父は健康を取り戻し、終戦の頃にようやく起きられるようになった。とはいえ、それはまだ病人の姿だった。だから私が終戦の日を振り返る時、思い浮かぶのは、混乱より病み上がりの父のこの姿のほうである。

ところがある時、と言っても父の没後、ずいぶん経っての話だが、私は父の日記の「七月二十七日」という日付に気がつくと、ハッとせざるを得なかった。この日は、日本にポツダム宣言が送られた日ではないか。私は父が「じっとり汗をかいて寝ていた」時、父がポツダム宣言を知っていたかどうか、もう聞けなくなってしまったことを悔んだ。父の性格とすれば、知ったとすれば普通なら、何をさておいても鈴木貫太郎首相に面会に行っただろうと思う。そしてポツダム宣言の受諾を求めただろうと思う。言うまでもなく、首相に直ぐに会えるなどということはあり得なかった。殊に国家危急の際、首相には寸刻の余裕も無かっただろう。しかし国家危急だからこそ、父は会わなければならなかった。鈴木首相は、十六年前の父の建言を無視したからこそ、苦境の最中に陥っている。父だけが、それを突くことが出来た。父は、昭和四年には何の伝手もないのに押し掛けたのだし、いま国が滅亡寸前にある時だから、尚更、押し掛ける理由があった――こう私は考えを巡らせたのだが、もうそれ以上は進まなかった。それは、鈴木も父もいなくなってフイに私の頭に浮かんだ幻に過ぎなかった。しかし私には、父の重病が何か運命的なものに思えて仕様がない。鈴木はポツダム宣言を「黙殺」したのだが、もしこれを受諾していたら広島・長崎への原爆も無かったのである。

十月十日、政治犯恩赦の勅令が出され、父の事件もこの中に含まれていた。父は免訴になったのだが、喜ばずに怒った。自分の事件を通じて戦争責任を追及しようとしていたのに、それが出来なくなったからだ。彼は直ちに、免訴取り消しを求める抗議文を送った。もちろん、そんなことが聞き入れられるはずもないのだが、そうせざるを得なかったのである。抗議文では、父の怒りが原稿用紙四十枚ほどのどの部分にも込められている。

「なぜ御審理がまるで成ってないか。はなはだしい落第点であるか。私が裁判長なら直ちに事件の核心に入ります。『放置すれば亡国に至る現状にあるか。あるいは被告一個人の神経過敏の杞憂独断であるか』に畢生渾身の力を注ぐのです。この点が真に確立すれば、最早、ほかに調べるべき点はないはずですが、第二段としては、一大臣、一部門の面目を蹂躙しても――私のは公開状でないから、蹂躙とか侮辱とかには当たりませんが――国家を救わねばならぬ、という被告の、いわゆる緊急行為が許されるか否か、被告の行為は正にこれに当るか否か、に向かうをもって普通と致しましょう」

「司法の常態から見て、調べの能力がない事は私には分かっていました。しからば、何ゆえに懲戒裁判を希望したかと言えば、恫喝されて辞表を出すような精神では国が亡びるのです。私は懲戒裁判をもって、亡国罪たる極悪重大犯人の代弁者、代理人と見ていますから、こちらから攻撃したいのが主眼で、御審理に多きを求める動機は持っていませんでしたが、せめて右の点に一言半句でも触れて貰いたかったのです。もっとも『僕は君と一緒に亡びたくないね』とはおっしゃいましたが、これは単にそれだけの御言葉で、亡びるか亡びないかの論議に一言半句、入ろうともなさらなかったのです。なお余事ですが、国は亡びずに済みましたか。亡びなかったではないか、とおっしゃるのなら、日本は天皇陛下も国民も、豚のごとく生息していれば、亡国ではないのですか」

免訴になったからには、父は判事を続けてゆけるはずだったが、彼はやめて、弁護士になることに決めた。しかし本当の志は、議会で発言権を持ちたいということで、そのため判事を退官したのであろう。父は昭和二十二年（一九四七年）郷里の愛媛から立候補して自由党代議士となったが、私が知っている父の働きというのは、まったく目立たない問題――衆議院解散問題についてである。

この時の国会は社会、自由、民主の三党が数で拮抗し、それに少数ながら国民協同党もある、という三・五党の不安定なものだった。最初、自由党を除く三党が政権を握ったが、連立の維持に失敗した。昭和二十三年（一九四八年）十月に自由党が単独少数与党で組閣して直ちに国会解散しようとしたのだが、それは新憲法下での最初の解散だったのでどの条文で行うかが問題になった。

新憲法で解散に関する条文は、第七条の天皇の国事行為、つまり無条件解散と、第六十九条の内閣不信任による解散の二つである。自由党内閣は七条の無条件解散ができるとしたが、父は、無条件解散は旧憲法の「天皇は衆議院の解散を命ず」と全く同じ内容だから新憲法の精神に反すると主張した。彼は自由党議員でありながら六十九条派なのである。そしてこの時、法律問題に加えて政治がからんだ。自由党は内閣を発足させてから支持率が下がることを恐れて、早く解散したがった。となると解散は七条が手っ取り早い。一方、野党三党は政権を失って、すぐ選挙はしたくないから六十九条をとった。マスコミは最高裁がこの法律問題をいずれ判断するだろうと言う。この時まだ占領下だったから、そこに更に米軍総司令部が介入した。米憲法には大統領が下院に解散を求める条項はない。米軍総司令部は、日本国憲法の無条件解散に対して法律上の疑義を示した。すると自由党内閣はアッサリこれに従ったのだが、実質的に七条の無条件解散になるように裏で変な工作をしたのである。その結果、総司令部のお膳立てで、与野党間に四党協定が成立し、野党提出の内閣不信任案を可決成立させることになった。六十九条の野党は、出したくもない不信任案を出すことになった。政府与党は論戦には負けたが、実質をとって望み通りの解散を得た。それを指導するのはアメリカ人である。こうして解散が叫ばれて二カ月後の昭和二十三年（一九四八年）十二月二十四日、世に言う「なれ合い解散」になったのである。

六十九条派の父はこの時、たった一人「なれあい解散」に反対したのだが、後にそれを次のように語った。

「明治憲法の内閣に、国会無条件解散権があるために、東条内閣は解散でもって議員を脅かし、さなきだに骨のない国会議員の骨を抜いてしまい、日本を滅ぼした。かくのごとく解散問題は重要である。

私は昭和二十三年、衆議院に在るとき、自由、民主、社会、国民協同の四党首脳に説いたほか、マッカーサー元帥に長文の法理を展開して、内閣の国会無条件解散をくい止めたと自負する。

ただし、内閣は、マッカーサー元帥の威を借り、野党三派を強迫して不信任決議を提出させ、解散の前提を偽造するという日米合作の脱法行為を敢てし、新日本憲政史第一頁を汚した。アメリカ民主主義も大したものではない。日本人自ら、世界の民主、人道の先唱者たる気迫を持ってよい。

私は野党首脳に、四党協定破棄の宣言をすべし、と提唱したが、マッカーサー元帥の勢威に恐れ、お話にならぬ」

父の反党的行動は直ちに報復された。彼は党から公認が得られず、選挙公示後、四日たってようやく立候補した。そして自由党が倍増した選挙で、数少ない自由党落選議員となったのである。

私は、父は政治家としては失敗だったと思う。ただし私は解散問題での父の考え方は民主主義として正しいと今でも思っている。そして父は、それが根本問題だから道理を貫かねばならないとした。事実、各党がアメリカのお膳立てには内心反対ながら、追従してしまって「なれあい解散」としたのは間違っている。しかし形としては、各党は合法的な格好に仕上げたのだし、どうせ選挙の洗礼を受けるのだから、そんなにこだわるほどの問題ではなかった。それより、そんなつまらないことで議席を失うほうが余程問題だった。それが分からないとすれば、矢張り父は政治家の資格が無かったのだと言える。

こうして父は政治家として長く止まることが出来なかったが、一つだけ惜しまれることがある。それは、これほど道理にこだわる人間が、講和条約の論議に加われなかったことである。私は後年になってサンフランシスコ講和条約の文章を見て不思議なことに気付いた。それは「日本国は千島列島に対するすべての権利、権原及び請求権を放棄する」となっている点だ。そして日本政府は後になって、南千島は千島列島でないなどと言う。それなら何で千島列島の放棄を講和条約に書いたのだろうか。これは恐らく、アメリカがソ連との間に結んだヤルタ密約で、アメリカがソ連の対日参戦の報奨として、勝手に日本から千島を奪い取ってソ連に渡すと約束したからであろう。そしてこれが不当なものだということを当時の日本政府も政治家も言えなかったのだろう。しかし父は当時、「マッカーサー元帥の威を借り」とか「解散の前提を偽造するという日米合作の脱法行為を敢てし」とか「アメリカ民主主義も大したものではない」とか言った男である。父が議席を持っていたら不当を許さなかったはずである。

そもそも国際法から言って、日本は千島列島を放棄する理由は何も無かった。日本はポツダム宣言を受諾して降伏したのだが、ポツダム宣言はカイロ宣言の条項の履行を言い、カイロ宣言は領土不拡大をうたうのだから、日本にとって固有領土の千島列島を放棄するのは不可能だったはずである。私は父が議員を続けていても、彼が日本の戦後復興にどれほどの寄与をしたかを言う自信は無いけれども、千島列島は絶対に放棄させなかったと、これは確実に言えるのである。

父は代議士として不器用であったが、弁護士としても不器用であった。落選後、代議士として再起する積りで松山に法律事務所を置き、横浜の自宅との間を往復していた。そして議会への復帰が不可能と分かっても長くそのままの生活であり、また後に松山を引き払っても、松山の事件を引きずって、晩年になっても四国への往復を続けていた。

ただし彼は不器用な弁護士と言っても腕は悪くはなかっただろうと思う。昭和二十四年（一九四九年）まだ日本が米占領下にあった時、松山の司令官が城の濠を埋めさせようとする事件が起こった。衛生上の観点からというが、市長も市議会もただ司令官の言いなりになって、埋立の予算まで決定したのである。しかし濠は文化財だからと、父は埋立反対の投書を新聞に出したところ、水利組合の農民が大挙して父のところにやって来た。濠の水は彼らの灌漑用水だったたのである。そこで父は彼らを引き連れ司令部に行き、米司令官に命令撤回を求めたのだが、最初、司令官は怒り、相手にせず、父を階段の上から突き落とすほどだった。ところが父が「市政に干渉するな」と急所を突くと、司令官は根はいい人だったと見えて態度を変え、最後は「諸君の味方になろう」と変化したという。その後もちろん、父たちは直ちに市長に話しに行き、結局、市議会は一旦通した埋立予算を取り消し、濠は元のままの姿を保つことができた。だが濠は、もし父が動かなかったら、今頃は味気ない商店街になっていたはずだ。司令官はそれを望んでいたのである。父は晩年、このことを小文「松山城壕を救うの記」にまとめて記録を残したが、その中では「市庁前を最後に解散した農民各位、誰一人その後は訪れてくれる人も無かった」と書いているくらいだから、彼は報酬も貰わなかったのであろう。文字通り父は貧乏弁護士であった。

昭和四十七年（一九七二年）五月二十四日の日記には、

「第六回西下、横浜発午後七時五十一分」

という父の記述とともに

「御元気の事と存じます。敏がお祝いに二十四日夜来て、一晩泊って帰りました」

という母の手紙が貼ってある。この日は父の七十七回目の誕生日で、私はせめて、父の話でも録音しておこうと、出立を知らずに勤務先のつくばから訪れたのである。しかし肝腎の父がいないとあっては、テープレコーダーも空しく持ち帰らざるを得ない。そしてグズグズしたために、録音は結局、半年後になった。

その秋の日、私が用件を言うと、彼は少し照れたような表情だったのを覚えている。

「そうか」

父はちょっと腕を組んでいたが、チャブ台に手をかけると立ち上がった。

「まあ待て」

メモでも持って来るのかと思っていると、そうではなかった。ウイスキーの瓶とグラスを取りに行ったのである。そして彼は過去を振り返った。鈴木貫太郎侍従長への面会、懲戒裁判、石原莞爾への手紙——

日が暮れゆく中、彼は正座したまま、身じろぎもせずに語った。せっかく持って来たウイスキーも最初口にしたきり、後は手をつけなかった。そして最後にこう結んだ。

「石原将軍から断りのハガキを貰った時、落胆してしまったが、今にして思えば、なぜ鶴岡へ行ってお目にかからなかったか。お目にかかっとれば、『貴方はまだ何とか、と思っておられるかも知らんが、今はそんな段階ではないんです。ただ、勝つ、勝つと言った手前、お義理で戦争を続けとるだけです。呑気な事を考えておってはいけません』という事が分かるんだ。そうすれば『ああ、有難うございます』で、直ぐに引返す。そうして——ウーン、天皇陛下にお目にかかっとったろうねえ。何かの方法で。死んどったかも知らんが。非常手段で。人がやるな、と言うても、やらずに居られんたちだから。そうすれば、あんなにならんうちに、原爆で人が十万、二十万と死ぬ前に、戦争は済んどったかも知れん。今度の戦争で死んだのは三百万か。今ではあの時、鶴岡へなぜすぐ飛ばなかったかァー、とこれは十年経って、初めて気がついた。

それから鈴木貫太郎大将、この方は昭和二十四年（一九四九年）に亡くなったから、それまでどうしてお伺いしなかったか。終戦総理として国民から感謝されたが、私は違う意見を持っておった。しかし、恥をかかせたりするのが嫌いな性分だから、お訪ねしなかったが、しておれば、『私が申上げた通りになったでしょう。貴方がたは、あの時に、どうだったんですか。お目にかかって半年経つか経たんうちに、山田先生を用いず、山田先生は亡くなってしまった。それで私も、事、終った、で止めたのですが、あえて山田先生を用いず、私が申上げたことにひらめきを得て、侍従長自ら陛下の御心胆をゆさぶってもよかった。重臣連中に働きかけてもよかった。なぜ御自分だけでも国家国民のために、颯爽の気概を御示しにならなかったのですか。御参考までに私がお伺いした時、閣下の御心境はどうだったんですか』と後世のためになぜお聞きしておかなかったかァー、とこれも近頃初めて後悔しよる」

父はこう言ったきり、目を閉じて動かなかった。薄暗くなった秋の夕方、テープを止めるスイッチの音をたてるのも遠慮で、空しく回転させていたことを私は覚えている。

昭和四十九年（一九七四年）十月の夜、横浜の家に松山から、父が宿の風呂で倒れて危篤だという電話が入り、それから間もなく死んだという電話が掛かって来た。最初から死んでいたのである。

父は例によって、いつもの宿に泊まっていた。部屋はバス付きだったが、彼は大浴場へ入りに行った。そこで脳卒中を起こしたのである。

宿の父の部屋には、机の上に手紙と書きかけの原稿があった。書きかけの原稿のほうはマジックインク書きのもの。最初のページの右肩に「四通（一高）」と書いてあるのは、タイプ印刷して一高同窓会誌「向陵」に投稿する積りだったのであろう。A４用紙一枚の平均字数は百字余り。行が乱れ、誤字、脱字に満ちている。私はこんな乱れた父の原稿を見たことがなかった。脳卒中の前触れが来ていたのではないか、と思わせるものである。

「手記の通り、鈴木侍従長の気合、気位の物足りなさを感じたのであったが、十五年後、名相、名天子として滅亡寸前の日本を救いたるを見れば、私の人物眼も満更のものではなかったことが証明され、昭和四年というずば抜けての早期、私の気合がかかっていたならば、何も戦争しないだけが芸じゃない。世界歴史、空前の名相、名君を生み、気合の所産たる名外交を生みたることが想像される。いたずらなる三百万精霊の犠牲を眺められただけで、陛下は『かくも予言的な進言が、かくも早期に、かつ実際的になされたものなら、なぜ予に伝えざりしぞ』の仰せ、必ずなされたるべし。

昭和十九年三、六月、亡国の空前絶後の大逆臣をもって、東条首相を再度書信、痛撃したるも、当時、見渡す限り、朝野、人物の全くの絶無。プラス当局者たる悲願に出でたるもので、亡国史には一人の人物なきこと、亡国史につきものであるが、史家もこれを知らぬ。名軍師真田幸村が、出城対戦の軍略を妨げたる淀君を処分せざりしを、十三の時より疑問とせる私は、昭和二十年一月、石原莞爾将軍の、東久邇宮殿下に東条処分を進言したるも採用し給わぬを見て、愛想を尽かしたるを聞き、長年の疑問氷解、語るに足る人なり、と長文出廬を懇請したるに『予は相当の自信家なるも、今となっては自信なきにより御断りする』の返事を得た。何とて鶴岡に飛ばざりしぞ。御談を聞き、将軍と無関係の工夫を生じたるべきを、後年痛嘆した。多分、命は失ったであろうが、念頭に来たらば必ずや実行する。私から申さば無意味の犠牲を早く、くい止めただけでも取り柄であった。

山本五十六長官以下、重臣、政界、軍界、官界、あらゆる面、我の居る官制規定を知るだけで、国民の寝かし起こしの地位にある事を知る人は絶無であった。東京裁判A級戦犯各位が、自白されるところでもあったから、国家国民はせめて、人らしき人の手にすら、かからないで、あえなき最期を遂げたのである。私の裁判官各位は、部内錚々であるが、この人々も、東大精神科教授で、私の頭脳鑑定した内村教授同様、その認識には驚き入った。私との間、雲煙万里の相違であった。

私は六十年前、一高校風を見て、この中から天下国家を救う人物、出ずべしとは思わなかった。わが愛する母校に対し、はなはだ失礼であるが、勘は当ったのである。後世のため思い切って書きました。頽齢八十歳。起きるのも懶《ものう》く」

父はここで書きかけのまま、風呂に入ったのであろう。この時、文章にも異常が出ていた。鈴木貫太郎を名相とは一度も言わなかった父が、滅亡寸前の日本を救ったとして、鈴木を名相と書く。これは天皇を名君と書きたかったオソエだろうが、いつもの父ではなかった。原稿の書き出しが「手記の通り」となっているのは、これに未稿の「天皇陛下と山田次朗吉」を添える積りだったのだろう。そして父は、母校、一高に対しても自負を隠さなかった。

一高同窓会への投稿原稿が絶筆になったが、父は死ぬまで同じ確信を抱き続けていた。天皇が、山田次朗吉推挙のことを知ったら、「なぜ早く教えてくれなかったか」と、嘆くに違いないと。しかし父がそう思い続けた先の天皇のほうは、もう戦争のことなど、忘れたがっているようだった。

父が死んだ翌年の昭和五十年（一九七五年）昭和天皇は、長年の念願だったアメリカ旅行をした後、例外的に記者会見をすることになった。そこで、天皇がホワイトハウスの晩餐会で、前大戦を「私が深く悲しみとするあの不幸な戦争」と述べた事についての質問が出たが、天皇の答は意外なものだった。

「そういう言葉のアヤについては、私はそういう文学方面はあまり研究もしていないのでよく分かりませんから、そういう問題についてはお答えができかねます」

質問者は文学について質問したのではなかった。天皇は、戦争について問われることを拒否したのである。

　この後、広島の記者が原爆について尋ねた。天皇は三十年前、終戦の詔書で、「敵ハ、新タニ残虐ナル爆弾ヲ使用シテ、シキリニ無辜《むこ》（註　罪のない人）ヲ殺傷シ、惨害ノ及ブトコロ、マコトニ測ルベカラザルニ至ル」と、日本の元首として痛切の心情を訴え、怒りも悲しみも国民と共にしたはずだが、この日、天皇は、詔書と全く反対の立場を表明したのである。

「原子爆弾が投下されたことに対しては、遺憾には思っていますが、戦争中であることですから、広島市民に対しては、気の毒ではありますが、やむを得ないことと思っています」

　やむを得ない——これは、原爆を投下したアメリカ飛行士の言うことではないか。二週間、アメリカを旅したことによって、天皇の頭から「残虐ナル爆弾」も、「無辜ノ殺傷」も、「測ルベカラザル惨害」も消えてしまったのか。ところが、この日の様子をマスコミは、天皇は「お言葉を選び、懸命にお答えになった」という。やっぱり今も、鞠躬如、礼儀三百威儀三千なのである。

　しかし、天皇の意外な生の声は、これだけではなかった。昭和天皇独白録には昭和天皇の前大戦に関する結論が、次のように述べられている。

「もし開戦の閣議決定に対し、私がベトー（拒否権）を行ったとしたならば、一体どうであろうか。

　私がもし開戦の決定に対してベトーをしたとしよう。国内は必ず大内乱となり、私の信頼する周囲の者は殺され、私の生命も保証できない。それは良いとしても、結局狂暴な戦争が展開され、今次の戦争に数倍する悲惨事が行われ、はては終戦も出来かねる始末となり、日本は亡びることになったであろうと思う」

昭和天皇は、日本が「前大戦に数倍する悲惨事」に巻き込まれて亡びるよりはと思って、東条内閣の開戦にベトーをせず、ゴーサインしたという。天皇は、父が望む「国家のため吐血絶息するまでの心力を傾倒する。陛下はこのためにこそあられる」という姿から、まさに対極の位置にいたのである。父は昭和四年（一九二九年）、鈴木侍従長に「甚だ不敬ではありますが、陛下は、帝王学について野放しの未就学児童です」と言った後、「陛下に真の帝王学を御伝授しなかったと分かれば、陛下は、後で必ずお恨みになられます」と言ったというが、昭和天皇は、父の考えるような人ではなかった。建言が伝えられなかった事を恨むどころか、天皇は戦争のことを「言葉のアヤ」は分からないとして、ただ避けたがった。広島の原爆には触れたがらなかった。原爆犠牲者には「戦争だからやむを得ない」とアメリカ人並みの遺憾表明しかしなかった。なるほど実際「陛下は、帝王学について野放しの未就学児童」だった。しかし天皇の記者会見も独白録も知らずにいた父は、死ぬ間際、判断を甘くして、昭和天皇に名君とか名天子とかの言葉を贈ったが、父は間違っていた。ただし彼が、国家は中心より滅ぶ、と言ったのは正しい。まさにその通りだったのである。

六　父も戦後の時代も重荷になった私

――たどり着いた「二つの文化」が強固な足場に

戦争が終わって社会は一変したが、この時その中でも一番強く印象に残ったのは、すでに述べたように人々のずるさ、汚さを見せつけられたことだった。それまで政府や軍部にベッタリで、戦争を批判した人なんか一人もいなかったのに、その連中が批判をし出したのである。彼らは旗を振っていたのに騙されたと言う。そして実は前からそう思っていたと、賢しげに言う。そういう変身を彼らは変身とも思わず、恥ずかしいとも思わないのである。私の知っていた世間の人というのは、学校の教師や隣近所の人たちぐらいだったが、日本人全体がそうなっているように思われた。それは新聞から分かる。敗戦のけじめをつけて任務が終わったとして鈴木貫太郎が内閣総辞職した後、皇族の東久邇宮稔彦が首相になったが、彼は早速、一億総懺悔という新しい言葉を作って過去との絶縁を計ろうとした。彼は陸軍大将だったから意図は見え見えなのである。しかしこれは誰にも都合の良い言葉だったから直ぐに世に広まった。こういうのが処世術、世に生きるということかと思う。

そんな中、私の親は変ることが無かったから、これは私にとって明らかな世間との違いとして映り、それが、じわじわと私の心に影響するようになり、私の人生も左右されることとなったのである。

終戦の八月、私は中学の三年生だった。と言っても勤労動員ばかりやらされていたから学力は中学一年生程度だったが、年齢から言うと将来を考えなければいけない年頃になっていた。当時旧制中学は五年制だったが、四年終了で上の学校に進めたから、進学について考えなければならない。私はそれまで疑いもせずに大学と言えば法学部と思っていたのに、それでいいのかと考えるようになったのである。もちろんこれは、戦争を境にしての政治家や政府の役人、それに大学教授らの見苦しい様子を見ての結果である。と同時に法学部出身ながら誤らなかった父のことが、意外にも厄介な存在となって、これが私には重苦しく作用した。私が父のように行動出来るかといえば、到底そんな真似は出来ない。父の見識がどこから出て来たのかは、私には見当もつかなかった。となると私は別の道を進まなければいけない。それは何か。

それは当時疑いも無く科学技術だと思えた。私は勤労動員で電気機器の会社で通信機の組み立てをやらされていたから、戦争ですでに科学技術へ眼が向いていた。そして戦争は科学技術の差で負けたと言われ、新型爆弾では全く新しい科学技術が使われたのだとも知らされる。ポツダム宣言で軍需産業につながる工業は禁止されたが、新聞に見る有力者は何れも科学立国、技術立国を唱えた。政治や行政は、誤って国を滅ぼすようなことをしたけれども、科学技術は誤ることはない。となると、若者は科学技術に導かれて生きなければならない。科学技術に生きなければならない。

私は考えると、いつもこの結論になったが、内心実はぞっとした。私はこれまで科学技術が好きだと思ったことは一度もなかった。学徒動員の一員として通信機工場で働いている時も、科学技術に親近感を持たなかった。要らなくなった部品を使ってラジオを組み立てたりする友人もいたが、それは別世界の人だった。私はそんなラジオが欲しいとも羨ましいとも思わなかったし、鉱石検波器を見せられても触ろうともしなかった。小さな発明工夫で生産の能率を上げた先輩がいたけれども、その先輩に畏敬の念を持っただけで、自分には無縁の人だと思ったのである。要するに私は科学が不得手で嫌いなのだ。そういう人間が科学技術の分野に入って何時までやっていけるか。どうしても嫌いになった時、どうするか。しかしどう考えても、法学部や文学部に行くことは、私の幼い倫理が許さなかった。私は好みでなく全くの倫理観から理科を選ぼうと考えて、この時、迷いは無かったのである。

私が文系の人間であることは、友達にも分かっていたから、私が中学四年の時、一高理科に願書を出すと言ったら、皆あきれた。実際、私は入学試験で一たまりも無く撥ね飛ばされたのだが、後で文科の試験問題を見ると、それには理科の試験問題に無い親近感があって、自分はこういうテストを受けるべきだったかと、ふと思ったのを覚えている。しかし私は志を変えず、翌年また同じ理科を受けて、今度はどうやら合格した。

私はこうして理科生になったのだが、幼稚に最初ただ真面目に勉強すれば学問は身に付いてこうまく行くものだと思っていた。私は理科が得意ではなかったけれども、数学ぐらいは何とかなるだろうと思っていたのである。しかし旧制高校の数学は単なる計算ではなかった。まず数の連続性というものが現れる。全部の数が無限の一直線となって並んでいる時、これを希望の数、たとえば円周率のパイならパイで切ると、切り口の片方にだけパイが現れるというのが数の連続性である。数学はこういう話の上にあるのだが、これはまるで田舎者が都会に出て、行儀作法をやかましく仕付けられるのと同じで動きが取れない。それでも好きなら離れられずにいられるのだが、私はそうでなかったから、希望を持って勉強することが出来にくくなった。私の恐れていたことが最初からやって来たのである。私は不安になった。

何か思っていたことと違う。私が勉強を窮屈に思ったのは確かだが、理科の学問は一定の枠の中ながら厳密に思考を巡らせるもので、私は初めそれに希望を持ったはずである。しかし覚えさせられたのは窮屈さだけだった。理科の勉強では枠を囲んで話はそこでの問題に限られる。それ以外に勉強の仕様はないが、それが理科の学問の本質だろう。だからそれに慣らされて、それが理系の人間の性格となるのではないかと私は思った。そして私は、それに慣らされた人たちのことを考えた。それは先輩の科学者たちだ。私はその時初めて、その科学者たちも、あの変身した人たちではないかと気付いたのである。

するると彼等の戦時中のことが私の頭に浮かび上がってきた。彼等も国が亡びるのに何も言わなかったではないか。この時一瞬のうちに私は彼等と父とを比較して、科学者が物足りない存在になって来た。父は誰にも頼らず一人で国の危機を訴えた。科学技術者にそうした人がいたことを私はまず聞かない。もちろん科学者でない人も発言しなかった。だから科学者が特別なわけではないのだが、科学者は道理の学問に日々従事しているから、彼等には無益な戦争をしていることぐらいは分かっただろう。それなら何故その非道を突かなかったか、やはり枠のせいだったかと、私は攻撃の刃を緩めなかった。

そしてまた、私が単純に、時代によって価値の変らない学問を学ぶことによって、誤りのない見識が得られると期待したこと自体が、実際から見て全く根も葉もないことだったと悟ることになった。戦時の科学者全員、謬りのない見識など持っていなかったではないか。私には、科学というのは、コマギレの知識を積み重ねて、部分の枠に閉ざされた学問を打ち立てることに思えた。そこからは全体への視野は得られないだろう。部分を超えてのものは、何も見えて来ないだろう。私が透明な心で見たいと思っていた世界とは、政治、社会、人間までも含むものだった。私は期待し過ぎた。私は間違っていた。科学の研究者は、余計な何も見ないのが習慣だから、彼等が戦時中、国が亡びるのを黙って見ていたのも当り前だと思う。

私は科学者が戦時中、当然のことながら軍事研究をしていたことを知った。そして彼等が戦後、それはそれで結構面白かった、とアッケラカンとしている事も知った。科学は時代の侍女ではないか。私は、科学を時代によって価値の変らないものとして、それを自分の出発点としたが、単純に考えすぎたのである。私は甘過ぎた。科学はこの時、私にとって、そこに籍を置いているからというだけで、安心していられる場所ではなくなった。ちっとも戦争批判のしっかりした足場なんかにならない。私は見過ごしていた。あるいは見誤っていたのだ。私の足もとはゆらいだ。それだけ科学に違和感をもったなら文科に変ればいいじゃないか、となるが、私もそれは何度か考えた。実際、理系から文系に変るチャンスはいくらでもあった。私は旧制高校の理科生になったが、これは一年の期間限定だった。学制改革で私たちは翌年、新制大学の入学試験を受けなければならなかったので、これは理科から文科に移る絶好の機会だったのである。実際、理科から文科に変った同期生は、どういう訳か、この時非常に多かった。しかし私は我慢した。私には理科生であることが道義の問題だったから、文科に変ることは、敵前逃亡のように思えたのである。私は思った――正しいと思って科学に身を置いたのに、その拠りどころを捨てることは、時代によって身の処し方を変えた世の人々と同じになるではないかと。そしてそもそも、私にとって、時代によって価値を変える文科の学問は、自分の依って立つ基盤にはならないはずだ。私はそれを、将来を考える最初の時に確認したではないか。

　こうして、私は迷い込んだまま心に傷を持って、結局、他に行きようがないままに自然科学者となったのだが、矢張り落ち着きたかった。私が落ち着くために必要なのは、自分がハズレでないと安心できることである。そして自分が社会のいろいろな分野と連携している、と感ずることである。さらには時の変転によって変節し易い、と私が決めつけた文科系の分野と調和することである。そして最も根本的には、科学は何か部分的な感じがすると、私が思わなくなることである。戦争を考える上で、科学こそ一番の足場だ、と思うことである。

幸いなことに、我慢しているうちに科学に段々愛着を持つようになってきた。これは、難しい問題でもあきらめずに取掛っていると、分からないのが気になって離れられなくなり、分かると面白くなり、それが原動力になって進んで行くことが出来るようになる、という心の働きのためであろう。ゲームと同じだ。人間は本来ゲーム好きらしく、のめりこむ人も出るし、ゲーム機が大きな産業になったりもしている。そして科学はゲームと比べものにならないほど面白いもので奥深い。しかも科学は親切で、私のように迷いながら進んだ人間にも、それなりの新しいことを見せてくれた。

そのことは矢張り実例をもって書く必要があるだろう。私は大学院の時、地球物理学科で熱対流の勉強をしていた。ちょうどマントルの熱対流でプレート運動が起るのではないかという話が始まった頃である。マントルの熱対流と言っても、熱対流の研究自体が進んでいなくて、液体を下から温めた時、上下面の温度差がどれだけになった時、熱対流が始まるかという研究がなされていただけだった。しかも液体のモデルとしては、二次元的に無限に広がった液体と、地球のマントルのように球殻を充たした液体の二種類に限られていた。これが当時この分野のすべてだった。この二種類のモデルの前者はレーリー、後者はチャンドラセカールによって研究されたのだが、彼らは共にノーベル賞受賞者である。これらの研究は偉い物理学者だけに美しいものだが、熱対流・開始時の液体上下面の温度差Tの値は教えてくれるけれども、それから更に下面の温度がtだけ上がったら対流がどうなるかは教えてくれない。

私は考えているうちに、これは数式を$\sqrt{t}$で書けば解決することだと気付いた。チャンドラセカールは、その時まだノーベル賞受賞者ではなく、私は彼がそれほど偉い学者だとは知らなかったから、軽い気持でこれを知らせて合意の手紙を貰ったりしている。後で知ったのだが、この$\sqrt{t}$というのは、ロシアのランダウが状態の変化（相転移）の一般論から、秩序パラメーターとして導き出したものだった。私はこの秩序パラメーターを使って、熱対流の数式を書いたから、当然のこととして結果が出せたのである。ランダウもノーベル賞受賞者である。

少し偉い学者の話をし過ぎた。そしてここに語った話は、彼らにとっては本業の仕事ではなく、オアソビというもので、私はその落ち穂拾いをしただけである。ただし運が良ければ、私は仕事をもう少し発展させることが出来た。今のスーパーコンピューターの時代なら、私の得た解から出発して可なりの学問の流れを作ったかも知れなかった。その方向に行かなかったのは、時代もさることながら、当時まだ科学に対して私の腰がすわっていなかったからである。しかしとにかく、迷いに迷ってろくに勉強もしなかった人間にも自然は親切であること、不得意だと思ってもきちんとやれば、それなりの結果は出せるものだということ、これは矢張りデーターとして伝えなければいけないと思う。回り道として書いたのは、この意味からである。

うんと後になってだが、私はC・P・スノーが文科と理科の問題を「二つの文化」という言葉で取り上げているのを知って、同じ傾向の人間がいることに安心を覚えた。C・P・スノーはイギリス人で出身は物理学者だが小説家になり、その間、科学行政にも携わったという経歴の持主である。そのために彼は小説家にも科学者にも広い交友関係を持つようになり、同時に違和感も覚えるようになったという。小説家のグループと、科学者のグループとは互いに全く関心を持とうとしないからだ。前者のグループ、それをスノーは文学的知識人というが、彼等は伝統的な文化に閉じ籠り、一方、科学者たちは楽天的に科学のみに興味を示し、それぞれ別々の文化の中にいる。それを二つの文化とスノーが名付けたのだが、彼自身は二つにまたがって生きているので、互いの孤立が問題だと気付いたのである。スノーは文学的知識人が熱力学第二法則を知らず、知ろうともしないことにも、また科学者がディケンズをろくに理解しようともしないことにも、共に不満なのである。そこで彼は解決策として、余りにも専門化し過ぎているイギリスの教育を再検討するよう提案している。

スノーが問題点を「二つの文化」という卓抜な造語で世に示したのは評価するとしても、私は彼の結論にまで同意することは出来なかった。イギリスの教育はむしろ成功していると見られているが、これを余りに専門化し過ぎているとして、その緩和のために色々な知識を供給することのみ考えたら、キリがなかろうと思われるからだ。彼が熱力学第二法則にもディケンズにも愛着を示し、普遍的なものにしようとするのは、私が昔、科学の知識を押し込まれて、自分が自分でなくなるように覚えたことの裏返しのようなもので、個人的なセンチメンタルな問題に過ぎないだろう。本質はそういう個々の知識の問題ではない。私は問題提起でスノーに共感を覚えたがそれ以上ではなかった。

それではどう考えるというのか。二つの文化が孤立しているということは、互いに共通の目的に向かっている認識が無い、ということだ。しかし、そもそも我々は自然から理性を与えられていて、それをもって外に立ち向かうというところから出発した。だから科学といい、文学といい、対象が違うだけだ。私は、スノーが知識の領域をどんどん拡げるのを見て、問題はそういう分量のことではなく、やはり精神が本質だと気付いたのである。

文化は、対象が小さなものであれ、大きいものであれ、そこに同じ精神が働いて築き上げられてゆく。私にはこれまで科学の問題は、部分であることが目立つように思われ、それを嘆いていたが、精神の問題として捉えると、すべては、共通の精神が分担し合って成立つ部分部分であった。分野が違うだけであって、共通の精神があることを我々は自覚しなさ過ぎる。大事なのはこの精神の自覚だ。だから文科、理科とこだわる程のこともなく、何をやってもいい。好きな事をやればいいだろう。そしてこの共通の精神さえ失わなければ、大事な時にはこの精神を強く思うから、あの戦争をすることも無かったし、まして意味のなくなった戦争を何時までも継続することは無かったと思う。私が科学に求めていた足場はこれだ。精神の自覚。真実を求める心だ。私はこのように思うと長い間押さえつけられていた気分が解放されたように思った。しばらくして私は自分の考えたことが、西田幾多郎の『善の研究』に影響されただけのものであることに気がついた。西田はこの本の最後に「知と愛」と題する小さな章を設け、知と愛とが同一の精神作用であると述べている。知も愛も主客合一。数千年来の学問の進歩の歴史は、我々が主観を棄て、客観に従い来った道筋を示したものであり、我々が物を愛するというのは、自己を棄てて他に一致することであるという。西田は対象の表れの多様性より、その精神に一致性を見出したのである。私は西田の手のひらに乗っただけだったのだ。しかし私は自分自身の立場を得た。それを私はスノーにならって「一つの文化」と言おうか。

私はこの「一つの文化」をもって自分の立場を確立したと思った。人より大分遅れて余計なことを考えたりしたが、私にとっては、それは自分が何であるかを自覚するために必要な過程だった。これでどうにか普通にものが言えるようになったと思う。こうして私はハイドパーク覚書の問題に関わるようになったのだが、その前に経験した一つのことを話しておかねばならない。

前世紀の七十年代、八十年代にソ連の北海道侵攻がしきりに唱えられたことがあった。気がつくと、誰もが今にもソ連がやって来るような不安を抱いていた。具体的な理由を言う人は稀だったが、それでももっともらしいことを言う人はいた。例えば元外務次官の法眼晋作氏は次のことを公の場で言っている。

「ソ連は北海道にだって来るよ。偉い人たちでも、北海道は脅威じゃない、なんてことを言っているノンキな人たちがいるが、明白な脅威だよ。日本は資源がないから狙われない、なんていう人もいるが、アフガンだって資源なんか無いじゃないか。実は、日本にはソ連がヨダレが出るほど欲しがっている資源がある。工業力だよ、技術だよ。とにかく日本人は、ソ連に対する認識を根本的に変える必要がある」

同じようなことを評論家の長谷川慶太郎氏が述べた。

「日本の優れた技術力、工業、良港を支配したいために対日侵攻はあり得る。では、ソ連が日本に侵攻するとすれば、その目的は何か。それはまさに『日本の技術力』である」

恐らくこれらが当時の最も「理論的な」ソ連侵攻論であろう。そして実際問題としても、防衛庁は50トン戦車を多数配置して音威子府《おといねっぷ》に防衛線を置く訓練もした。

そのソ連侵攻論は、一九七九年末、ソ連がアフガンに侵攻した時に始まったと思う。アフガンは当時、王制が倒され共産政権だったが、その国にソ連が侵攻したのである。世界は、またも共産ソ連の侵略かと騒ぎ、これに対してソ連は、アフガンとの友好善隣条約による集団的自衛権だと答えた。ここで自衛権は恣意的に使われたが、ソ連は少なくとも国連憲章に基づいて、進攻の理由を掲げている。それなら日本は恐れる必要は無い。何となれば日本とソ連の間には、集団自衛による進駐を可能にする友好善隣条約なんか無いし、ソ連が国連憲章に基づいて行動を正当化するなら、日本は国連憲章を大上段に構えて渡り合える。ソ連が法的に戦う場を提示して来たのだから、不法に対しては、その法の場で徹底的に粉砕出来るではないか。政府と国会が腐敗しない限りそれは可能だから、ソ連が侵攻することはあり得ない。逆説的に聞こえるかもしれないが、ソ連のアフガン侵攻はむしろ、国際紛争解決に武力の不要なことを示すものだ。また万一、ソ連が侵略して来ても、国連憲章の人民自決の原則がわれわれを守ってくれる。侵略したソ連は撤退する以外無い。最終的に勝つのは日本である。

これは私がその当時、考えたことだった。しかしこういうことを言う人は他にいない。誰かがそれを言わなければいけないのだが、私が「一つの文化」を確立したのは、まさにそれを言うためのものではなかったか。事実と道理の立場を示さなければいけない。私にはその意見を言う必要がある——こう思って私は朝日新聞の投書欄「論壇」に投稿したところ、掲載してくれるという。投稿は色々修正されたが私は目をつぶった。この投稿は世の空気——それは皆が一斉に「鬼畜米英」を唱えた戦前の空気を思わせたが——に向けての一石となるかも知れない。それは一九八一年のことである。

しかし反響は全く意外なところから来た。衆議院の科学技術委員会が、大臣への質問という形でこの投稿を取り上げて問題にしたのである。科学技術委員会で政治の問題が扱われるというのは異常だが、これは私の勤務先の研究所が科学技術庁（当時）の所管だったからで、投稿は職員の規律の問題として取り扱われることになった。質問者は民主社会党議員の吉田之久委員。彼は、内容に関してなら「論壇」への投稿で論ずることが出来るのに、国会議員の特権を使って圧力をかけて来たのである。これはいかにもフェアではない。私にとっては殊に戦時中、父が東条首相に手紙を出した時の首相のやり方を思い出させられる。東条首相は手紙に怒り、父の処分を求めて副官を司法省に使わせたのだが、四十年経っても同じことが繰り返されるのだ。この時の吉田氏の質問は議事録から読むことができる。


「吉田之久委員　初めに、長官にお伺いを申し上げます。

　三月十五日の朝日新聞の『論壇』に『非武装無抵抗で国は守れる――侵略にも〝根拠〟が要る点を逆用』。私たちはこの意見を読みまして、しかも最後にその意見を述べている人が国立の研究所の総合研究官であったということを知りまして、実は唖然としたわけであります。

　時間がございませんので、その中身をかいつまんで申し上げますと『今の時代には、武力の行使には必ず正当性の主張が必要であり、その根拠を国連憲章におかざるを得ない。ソ連といえども、まさにこの時代潮流に従わざるを得なかったことを』アフガンの侵攻の時に示している。こういう書き出しから始まりまして、国連憲章の大原則を盾にとる限り、いかなる小国に対しても大国は武力侵略はし得ないはずである。また『議員、国民が腐敗せぬ限り、われわれは無防備でも、外敵をはねつけ得るはずである』こういう論調であります。

　これが何らかの団体に属するそういう方々の御意見であるとするならば、自由な言論の国でありますから、私はそれはそれでいいと思うわけでありますけれども、いかにも国立研究所のこの職にある人の論旨としては非常に不似合いな、また私どもとしては何とも納得しがたい、果して科学者として冷静な分析によって物事を判断し得る適格者であるかどうかというような点に非常に疑問を感ずるわけでありますけれども、長官はいかがお考えでございますか」（註 原題「非武装防衛必勝の論――法と正義で国は守れる」は「論壇」で右引用のように改題された）

吉田氏は私の投稿の何カ所かを不統一に取り上げて、このような「納得しがたい」意見の持主が「冷静な分析によって物事を判断し得る」はずはなく、国立研究所員として不適格ではないかと任免権者の科学技術庁長官に糾しているのである。吉田氏はさらに「そういう性格の持主」を「何らかの指導をなさるお気持ちはありますか」と長官に尋ね、「人間というのはやはり一貫した、共通したバランスというものを持っておるはずでございまして、専門外では全くナンセンスに近いような意見を開陳されるというようなことは、私どもとしては非常に危惧を感ずるわけであります」と結んだ。

吉田氏は問題を取り上げる場として衆議院の科学技術委員会を使ったのはフェアでないが、問題を説明するやり方においてもフェアでなかった。彼は私の投稿のつまみ食いをしてカケラだけを示すものだから、話を聞かされた人に内容が分かるはずがない。私は投稿で、ソ連のアフガン侵攻と日本の問題とについて、話をこういうふうに進めた。

（一）ソ連は国連憲章に則ってアフガンに進攻したと主張する。（二）アフガン政府は腐敗と抗争から内戦状態にあって、ソ連への内通者がソ連に介入を要請した。(三) 憲法と国連憲章を守る我が国では、こんなことは起こり得ない。(四) 議員、国民が腐敗しない限り、我が国へのソ連侵攻などあり得ず、外敵は撥ねつけ得る。

これが私の話の筋だが、吉田氏はこのうちの(一)と(四)だけを取り上げてその繋がりを切ったまま「どのように読んでみても、一つの仮説と推論とそして独断によって議論を展開しているに過ぎない」と言う。そしてナンセンスとしたのだが、科学技術庁長官も吉田氏の説明が論理的でないのを問わずに「まことに実態と合わないナンセンスな意見」と同意した。要するに委員会は、私への欠席裁判だったのである。

私の意図は全く外れてしまった。私の投稿は時の流れに対しての一石とはならなかったのだ。すべての人が私の敵対者だった。すべての人がソ連の侵略への警戒で凝り固まっていて聞く耳を持たなかったから、私は全く孤立していた。週刊誌の記者は突然やって来て、話を聞きたいと言いながら、私に対して耳をふさいだ。そして次週発売号では識者という人々のいい加減な発言を使って、私を非難する記事を載せ、ソ連侵攻の現実性とその恐ろしさとを伝えた。私の知人、友人のすべてが私とこの問題を話すことを避けた。それは戦時中のようだった。吉田氏の質問の後、私は研究所長に呼ばれた。

「君だって、こんな事をすれば、皆が迷惑することは分かっているだろうに。どういう波及効果があるか考えて貰いたい。研究所の名前が出たら皆がどう見るか。本庁に頭を下げてお詫びに行かなきゃならん。そんなに言いたかったら、辞めてから言えばいいじゃないか」

これはまさしく父が裁判所長から言われた言葉である。ここでも四十年経って、また同じことが繰り返された。

では問題だったソ連侵攻はと言えば、ソ連は北海道に侵攻するどころか崩壊したのである。ソ連侵攻は起らなかったのみならず、ソ連崩壊後のロシアから、日本への侵略の企てがあったとの証拠も出ていない。これが事実だ。そこで開き直って事実に基づいて聞こう。吉田氏や科学技術庁長官らと私と、どちらが正しかったか？

ソ連が崩壊した時、それが余りにも大きな出来事だったから、ソ連侵攻論など消えてしまった。人はそんなことなどもうどうでも良くなったから、ソ連侵攻論が間違っていたとも語らない。そのもとになったソ連のアフガン侵攻について、認識が間違っていたとも語らない。しかし間違っていたのは日本だけではない。世界が、とりわけアメリカが間違っていた。アメリカはアフガンの反ソのゲリラに大量の武器を送って、オサマ・ビン・ラディンやタリバンを育てた。そして育てたものが敵になったから、今はもう収拾がつかなくなっている。間違ったことを間違ったと認めないからちっとも進歩がないのだ。

ソ連侵攻論の結末が出てから私は「一つの文化」に一層の自信を持つようになって、これはもう私と一体になってしまった。だから私は、ハイドパーク覚書に「原爆は日本人に対して使用」

となっているのを「日本に対して使用」と変えることなど見逃せない。これは余りにも明白な間違いではないか。「日本」を「日本人」に訂正するという簡単なことが何で出来ないのかと思う。間違いを放っておいて気持ち悪くないのか。私は普段そんなことを余り話すつもりはないのだが、これは政治の問題ではなく文化や学問の問題だからと、ついハイドパーク覚書のことが口に出てしまう。すると人は尋ねる。

「何でそんなに一生懸命になるんだ」

これに答えるには、私には背後に「一つの文化」やソ連侵攻論のことなどがある。そしてそれらが、戦後長い間、私が色々考えて来たことに続いている。だからここで本当にきちんと答えるには、私は矢張り一九四五年夏に戻らなければならないのである。

七　私に対する批判と私の反論

——事実と論理を尊べ

私は「原爆は日本人に使用」を掲げて世の注意を喚起しようとしたのだが、結局、泥沼の戦を進めることになった。朝日新聞は依然として無言を続ける。資料館は議論を避けて、私を追っ払おうとだけする。そして本を出しても、私の主張を理解して貰うことは難しかった。真面目な読者にも「原爆は日本人に使用」の驚きを伝えることが出来ず、本の内容もきちんと読まれなかったようである。それを私は偶然のことから非常にはっきりと知ることができた。偶然と言うのは、パソコンを通じてである。

近頃はインターネット上で読者による書評が見られるようになっていて、私は Aquarian という筆者のものを見ることができたが、それによって、こちらの考えが読者にどのように受け取られるかが分かったのである。

Aquarian 氏の書評は、「一読してその主張の正当性に疑問を抱いた」に要約される。そして、その疑問点というのは、私の本が、「原爆開発の進捗状況と戦況の推移とを両にらみしながら原爆投下がどのようなプロセスで決定されたか。その全体像についての客観的理解なしに一文書だけを取り上げ、さらにそれをかなり曲げて解釈して問題だ、問題だと騒ぎ立てているように思える」と説明されている。疑問点は更に詳しく次のように述べられた。

覚書の中にwhen a "bomb" is finally available, it might perhaps, after mature consideration, be used against the Japaneseとの一節がある。「日本に対して」ではなく「日本人に対して」という表現が使われているところに人種差別意識が顕れているというのが著者の主張だ。しかし、英語の表現としてそれほどの差があるだろうか。これが疑問の一点。

岡井はさらに、原爆開発を始める動機となった「ドイツに先を越されるな」からすれば、当然予想される「ドイツに対して」でなく、なぜ「日本に対して」なのかを問題にし、人種差別が根底にあるとしている。しかし覚書が書かれた頃の戦況からすれば、ドイツ戦の終息が見えてきており、原爆は日本に使うことになろうとしたのは当事者からすれば自然な推移と思われる。これが岡井の主張に対する疑問点の二。

この「覚書」は一九四四年九月（原爆投下の十一カ月前）、ローズヴェルト米大統領とチャーチル英首相との会談での合意事項をまとめたもので、ある種の密約文書である。ところが米側ではローズヴェルト大統領によって握りつぶされ（外交文書として公的に扱われることなく、私邸の書庫に眠っていた）、大統領以外の誰ひとりその密約を知らぬ間に大統領は四五年四月に亡くなってしまった。あとを継いだトルーマン大統領のもとでの原爆投下決定過程に、この覚書は全く影響を及ぼさなかった。この事実を著者はご存じないらしい。これが疑問の第三点。

疑問点、三点のうち、第三点は切り離せるから、これをまず片付けておくことにしよう。Aquarian 氏は、私が、この覚書がルーズベルトの私邸の書庫にずっと保管されていたという事実を知らずに論じたと思っているようだが、私は、それはちゃんと知っている。しかし、ここから が、私と Aquarian 氏の分かれるところで、彼は、ルーズベルトの「あとを継いだトルーマン大統領のもとでの原爆投下決定過程に、この覚書は全く影響を及ぼさなかった」と言っているが、これは Aquarian 氏の完全な誤りである。覚書が交された後、アメリカでは日本の都市への原爆攻撃の準備が進められ、ルーズベルト没後もトルーマン大統領はその計画の進行を変えなかった。彼は覚書に決められた通りに、ルーズベルトの路線を進んだのである。むしろ彼は、原爆のことなんか、原爆完成の数日後まで、あまりよく知らなかったと言っていい。そして原爆投下決定過程のうちの、トルーマンによる具体的な部分というのには、別の問題が含まれているが、それはルーズベルトの路線を変えるものではなかった。このことについては、後でその問題を扱う時に論ずることにする。

これで Aquarian 氏の疑問は二点となったが、私は Aquarian 氏の意見を全く受け入れることが出来ない。彼は、「原爆開発の進捗状況と戦況の推移とを両にらみしながら原爆投下がどのようなプロセスで決定されたか」という「全体像についての客観的理解」の上に立つと、「覚書が書かれた頃の戦況からすれば、ドイツ戦の終息が見えてきており、原爆は日本に使うことになろうとしたのは当事者からすれば自然な推移と思われる」から、その結果、米英首脳は覚書に「原爆は日本人に対して使用」と書くことになったのだと言う。

このAquarian氏の意見が、私のこれからの議論の出発点である。と同時に、議論における問題点の中の一番大事な部分でもある。Aquarian氏の意見は一見もっともらしく見える。しかしその中には議論の運びや言葉の使い方について怪しいところがあって、それが結果として間違った見解となっているのである。そこで私は、それを覚書の成立過程に戻って指摘していかなければならない。都合のいいことに、Aquarian氏もハイドパーク覚書を正面から取り上げ、その成立から詳しく書いているから、これを使わせてもらうことにしよう。彼の話は原爆の開発から始まる。

（原爆開発の）マンハッタン計画への巨大な資源投資とロスアラモスに集結した科学者の努力によって、原子爆弾なるものが実現する見通しがかなり強くなってきた。政治家も科学者も原爆の完成とその軍事使用を当面の目標としつつも、未曾有の爆発力を持つ兵器がもたらす新しい世界を想像しはじめていた。中でも当時物理学界の最長老ともいうべきニールス・ボーアは、戦後（原爆出現後）のことを深刻に憂いはじめていた。核兵器をめぐる国家間競争が起きるに違いない。

それを回避することが必要であり、そのためには事前に同盟国ソ連にこの新兵器について何らかの告知をすべきであること、さらには現在でいう国際原子力機関による保障措置のようなものが必要だと考えていた。会談を取り持ってくれる人がいて、ローズヴェルト大統領に直接面談して進言した。大統領には好意的に受け入れられたが、さんざん待たされてやっと会えたチャーチル首相にはとんでもないことと鼻先であしらわれた。チャーチルにとっては原爆の秘密を米英だけのものにすることが、戦後世界で優位を保つ最も重要な鍵であり、それをソ連に教えるなどとんでもない、ということだった。このボーアの提案についての米英首脳間の意見交換がハイドパーク会談の一つのテーマであり、それについての合意文書としてチャーチルの主導でまとめられたのが例の「覚書」なのである。

これで「覚書」成立に関わる話が終わったので、Aquarian 氏はここでハイドパーク覚書の全文を掲げ（以下訳文は私の試訳で統一した）、続いて次のように語っている。

「覚書」の第一項目冒頭に「管用合金の管理と……」とあるのは、上述したようにボーアが両首脳を説得しようとしていた事柄そのもののことで、それを全面的に拒否するというのが覚書の最も大事なポイントである。

この「管用合金の管理と……」というのは、実際 Aquarian 氏の言う通り「覚書の最も大事なポイント」であって、以下の私の Aquarian 氏への反論でも「大事なポイント」になるものだから、本書冒頭のものと重複するが、再記載しておくことにする。それは覚書の第一項目の前半部分である。

「管用合金の管理と使用については、国際協定を目指して、管用合金を世界に公開すべきだとの意見があるが、この意見は受け入れられない。この問題は極秘にし続けるべきものである」

Aquarian 氏が「覚書の最も大事なポイント」という覚書のこの部分をかなり自由に意訳してみると、ここでは「原爆は、あくまでも米英が管理し、米英が自由に使用するものであって、すべて極秘にし続けるべきだ」という米英二国間の基本合意が述べられているのである。

さて、覚書の文章についてまだ語っていない箇所がある。それは覚書の第一項目の後半部分だが、それをめぐって Aquarian 氏と私とは真っ向から対立することになった。それは一見、難しいことも書かれているようには見えない次の文章である。

「しかし『爆弾』が最終的に使用可能になった時には、熟慮の後にだが、多分日本人に対して使用していいだろう。日本人には、この爆撃は降伏するまで繰り返し行われる旨、警告しなければならない」

これは前大戦中、原爆の具体的な使用について書かれた連合国側の恐らく唯一の文書であろうが、Aquarian 氏は、これについて以下の見解を述べた。

「覚書」第一項目の後半に岡井敏が問題とする『爆弾』が使用可能になった時には、熟慮の後にだが、多分日本人に対して使用していいだろう」との文言が出てくる。これは「しかし」で始まっている文で、冒頭の文に続き、「この問題は、極秘にし続けるべきものである」とした後「しかし、……」と続く。米英が手を組んで機密を断固として守るべきことが、この部分の主旨であって、その文脈の中に「日本人に対して使用」が出てくるのは、原爆が日本に投下されたとなると、初めて世界中の人々が原爆を知ることになり、原爆の存在が秘密でもなんでもなくなるという繋がりからである。と同時に、今や使うとすれば、ドイツではなく、日本に対してだね、と確認したわけだ。ドイツでなく日本にという流れは実はとうにできていたらしい。

ここでAquarian氏はスラスラと書いているから、読む人は、これをそのまま読み下して了承してしまいそうだが、実は彼は、論理的に繋がらないことをうまく繋げて、繋がっているように見せているのである。Aquarian氏は先ず、米英首脳が「この問題は、極秘にし続けるべきものである」と言ったこと——私の言葉で言うと「原爆は、あくまでも米英が管理し、米英が自由に使うものであって、すべて極秘にしておくべきだ」となるが——これを出発点として、「しかし、……」と続く文章との関係を問題にしている。確かに、ここは「しかし、……」でなければならない。前の文章が「原爆は極秘にしておく」だから、このままでは原爆は使えなくなる。使うとAquarian氏の言うように、「初めて世界中の人々が原爆を知ることになり、原爆の存在が秘密でもなんでもなくなる」からだ。だから原爆を使うためには、論理的に「しかし」となる。では論理的に言って「しかし」の後にはどんな文章が来るべきか。それは普通なら「どうしても必要な場合には使わざるを得ない」であろう。

さて実際に覚書に何が書かれているか。覚書にあるのは「必要な場合に使う」ではなく「日本人に対して使用」である。ここで予期しない「日本人」が突如現れた。話は、原爆を使うか使わないかではなく、原爆の目標を何にするかとなった。米英首脳は、議論の流れの中に別な話をスルッと潜り込ませて、焦点をそっちの話に移した。そしてAquarian氏は、覚書が「日本人に対して使用」となっているのを紹介する意味で、ルーズベルトとチャーチルの代弁をした形で、「今や使うとすれば、ドイツではなく、日本に対してだね、と確認したわけだ」と語る。しかし実はこれは米英首脳の代弁にはなっていないのだ。チャーチルとルーズベルトは覚書の合意文書で「原爆は日本人に対して使う」と言い、原爆の目標を「日本人」としているのだが、Aquarian氏のほうは戦況から「日本に対してだね」と言っているのだから、Aquarian氏の言う原爆の目標は明らかに「日本」なのである。米英首脳とAquarian氏とは、原爆の目標として違うことを言っているのだ。そしてこれは小さな違いではなく、それぞれ、語る言葉を譲れないのだ。チャーチルとルーズベルトは覚書で、普通使う「日本に対して」を止めて、わざわざ「日本人に対して」と書いたのだから、「日本に対して」と改められるはずがない。またAquarian氏は「戦況の推移」を語ったのだから、これはあくまでも「日本に対してだね」となる。こうして「使うとすれば日本に対してだね」の「戦況の推移」は、覚書の「原爆は日本人に対して」に繋がらず、話は筋の通ったものではなくなった。筋を通すためには「日本」と「日本人」とは統一されなければならない。しかしAquarian氏はこれについて一言も説明せず、これで終りとした。彼は、戦況の過程を説明する時には「日本」を使い、覚書の紹介には「日本人」を使うのだが、この際、「日本」と「日本人」には互換性が無い。二つは互いに置き換えられない。しかし彼は黙ってこの二つを一つの「融合体」にしたのだ。「融合体」になってAquarian氏の頭の中でうごめくものは、都合によって「日本」にも「日本人」にもなる融通性のあるものである。

こうしてAquarian氏は、中身のスリかえをやったのである。論理で話を進めるべき時に、覚書が急旋回したのを受けて、Aquarian氏は話の内容をスリかえてしまった。そしてAquarian氏はこれを言葉の問題としてのみ捉え、その立場から余り大した問題ではないとする。

このAquarian氏の言葉の使い方には私は疑問を持つのだが、Aquarian氏は逆に「疑問の一点」として、私の言葉の使い方が間違っているのだと言う。彼は、覚書についての私の主張を「『日本に対して』ではなく『日本人に対して』という表現が使われているところに人種差別意識が顕れているというのが著者の主張だ」とまとめた後、「しかし、英語の表現としてそれほどの差があるだろうか。これが疑問の一点」だと言う。しかしAquarian氏は「特定の国をいう場合、○○国というより、○○国人というのが、ひょっとするとチャーチルの口癖なのかも知れない」と言うのだから、これでは議論にならない。Aquarian氏自身、それが分かっているはずだ。○○

国と言うべき時、○○国人と言うなら、話者は明らかに内容をスリかえているのである。

しかしともかく、こうした矛盾を抱えてAquarian氏は、ハイドパーク覚書の「原爆は日本人に対して使用」は、ルーズベルトとチャーチルが「戦況の推移」を語っているに過ぎない、という結論に持って行ったのである。これが、先に述べた「Aquarian氏と私とは真っ向から対立することになった」点である。

覚書に記載されたものは国家間の約束事である。それについてのAquarian氏の意見、「岡井敏が書くように『日本の軍艦、軍事施設、日本軍、軍事工場、日本人、それらすべてを含む〝日本〟でなく、その中の一つだけの〝日本人〟』というほどの強い意図を一つの単語に含意させることはこの種の公的文書にはないと思う」は間違っている。公的文書であるからには曖昧な言葉の使い方は許されない。

曖昧な言葉が、どんなおかしな結果になるか。それを見るためにAquarian氏の語るところをまとめると、ルーズベルトとチャーチルのハイドパーク会談は次のように浮び上がって来る。

「戦局から見て原爆は日本に使うことになるだろう」

「私も日本に使うと思う」

「では覚書に、原爆は日本人に対して使用と書いておくか」

「そう。日本人に対して使用と書くのがいい。これで合意だ」

これがAquarian氏の描く会話だが、こんな木に竹を接いだような話が現実にあり得るだろうか。しかもここでは会話する両者が共に木に竹を接いだ同じオカシな話をするのだ。それをAquarian氏は「チャーチルは口癖で日本と言うべきところを日本人と言うのかもしれない」と説明するが、それだけでは足りない。ルーズベルトも同じく「口癖で日本と言うべきところを日本人と言うのかもしれない」でなければならない。不合理なものを辻褄を合せようとするから、ゴマカシの屋の上にゴマカシの屋を重ねなければならなくなるのだ。

では米英首脳が覚書に「原爆を日本に使用」と書いたら、問題はなかったかというと、これがまた、そうではない。別の大変な問題があるのだ。同盟国間の覚書で軍事を論じて兵器の使用を取り決める時、対象が複数の敵国だったとしても、その国名が書かれることはないのだ。

兵器は勝つために使うものだ。だからこれを自由に使う。軍事的に最上の使い方をしてこそ、兵器の目的にかなう。そこで予めどう使うかなど決めておくことは出来ないし、その必要もない。戦況は時々刻々変るから兵器の使用を固定しておくことは出来ないし、また最上の使い方をするのが原則だから、それが使い方についての了解事項となり、関係者間でいつでも最上の対応をするものと了解され、信頼し合っているわけで、予め決めておくことなんか全く不要だ。

こうしてドイツと日本を敵国とする米英にとっても、原爆の目標となる国を決めておく必要はまるで無かった。必要があれば使うだけのことだ。米英首脳が、かりに「今や使うとすれば、ドイツではなく、日本に対してだね、と確認した」としても、それを覚書に「約束」として書く必要は何も無い。書いてなくても、今現在、「使うとすれば、ドイツではなく、日本に対してだね」と語る状態にあるなら、その時、その通りに「日本に対して」原爆を自由に使うだけだ。「日本に使う」と書かなくて困ることはない。これに対して、もし「日本に使う」と書いておいてドイツに使わなければいけなくなった時は、「日本に使う」に縛られてドイツに使えず困ることになる。だから米英首脳はそんなことは書かない。そもそも米英首脳は覚書で、「原爆の使用は自由で、どう使おうと勝手で、世界の知るところではない。秘密だ」と言っているのだ。そして実際、アメリカの首脳は、その通りを実行したのである。原爆開発の総責任者のグローブズは、Aquarian氏も引用しているその著書"Now it can be told"『原爆はこうしてつくられた』(恒文社)で、こう言っている。

なお、ヤルタに向けて出発する直前の会議で、ルーズベルト大統領は私に、もし欧州戦がわれわれの最初の原爆が完成するまでに終わらなかったならば、それをドイツに投下する準備をするよう希望する、と語った。(冨永謙吾・実松譲共訳)。

In a conference with President Roosevelt before his departure for Yalta, I suggested that it would be desirable…. It was at this same conference that Mr. Roosevelt informed me that if the European war was not over before we had our first bombs he wanted us to be ready to drop them on Germany.

これは、一九四五年初頭、ベルギーのアルデンヌでドイツ軍が最後の猛反撃をして連合軍が苦戦をしたため、ルーズベルトがまだ出来ていない原爆が使えないかとグローブズに語った時のものである。もちろん原爆は間に合わなかったし、実際にも使われなかったのだが、とにかくルーズベルトが、ハイドパーク覚書に原爆を使う対象と書いてない国、ドイツに対して原爆を使おうとしたのだ。そしてグローブズもそれを当然のこととして受け取った。だから原爆を使うために、その国が予め覚書に書いてある必要は、まったく無かったのだ。ハイドパーク覚書にはドイツの国名も日本の国名もないのが当然で、これがグローブズの著書から言えることである。

しかしともかく、ハイドパーク覚書には「原爆は日本人に使用」と書かれたのだ。これはこの文言通り「原爆は日本人に使用」である。それを米英首脳はどうしても書きたかった。そしてここに人種名が現れたのだが、人種を原爆の標的にするのは軍事とは言えない。軍事でないから、この点でも覚書にわざわざ書く時、「しかし……」とせざるを得なかったのだろう。覚書に「しかし……」が現れたのは単に、原爆を使うと原爆が秘密でも何でもなくなるから、という理由だけではなかったのである。

では何で、わざわざ「原爆は日本人に使用」を書かなければいけなかったのか。書かなくても原爆を日本の都市に投下すれば、日本人を目標にすることになるのだから、効果は同じで、それで構わなかったのではないか。原爆を使うのは自由だという覚書の冒頭に書かれた方針を非軍事の使用にまで適用しても構わなかったのではないか。つまり覚書に何も書かずに済んだのではないか。書く必要が無かったのではないか。しかし米英首脳はそれでも「原爆を日本人に使用」を覚書に残すことにこだわった。これはなぜか。

「原爆は日本人に使用」は、今ここに考察したように、表の意味から考えると、書かずに済んだという意味で無意味なものである。となると意味のあるのは、むしろこの裏の方の意味でなければならない。「原爆を日本人に使用」の裏は、「原爆はドイツ人に使用しない」だ。だが「原爆はドイツ人に使用しない」は、覚書に書くには不体裁過ぎる。そこで、ここでまたその裏の、つまり最初の「原爆は日本人に使用」での代用へと戻ったのだ。これが覚書に「原爆は日本人に使用」という奇妙な文言が出た理由である。それ以外、考えられないではないか。

それほどまでに、米英首脳は「原爆はドイツ人に使用しない」を何らかの形で互いの約束として残したかったのである。それを「しかし……」で書きたかった。間違ってもドイツ人には原爆を使うことのないようにしたい。それは約束するしかない。約束して確かなものにしたい。米英首脳は、原爆をドイツ人には絶対使えなかったのである。これは、ルーズベルトとチャーチルの日系人、ドイツ系人に対する扱いの違いを見るとすぐに分かる。戦時中、米本土とカナダで日系人は強制収容所送りにされた。一方、ドイツ系人は、敵国出身ながら普通の市民として過ごすことができた。この人種差別が覚書の決定に直結するのは当然である。「原爆は日本人に使用、ドイツ人には使用しない」は、人種差別そのものではないか。覚書は人種差別表明の文書だったのだ。

この点、Aquarian 氏は、『『日本に対して』ではなく『日本人に対して』という表現が使われているところに人種差別意識が顕れているというのが著者の主張だ」と言うが、人種差別意識が顕れているどころでなく、ハイドパーク覚書は、人種差別そのものだというのが私の主張なのである。

Aquarian 氏は私への批判を、「かなり長文になる。適当に拾い読みしていただきたい」で始めたように、綿密に記してくれた。お陰で私は、Aquarian 氏の考え方を理解することが出来たと思う。それは結局、原爆投下は戦況の推移の必然的な結果だというものだが、これは日本中の人間が考えているところでもある。Aquarian 氏も日本国民も素直に考えてこの結果になったのであろう。しかしこうなると、話は困ったことに——Aquarian 氏は気付いたかどうか知らないが——原爆は戦争の早期終結のために使われたとするアメリカの原爆神話に必然的に行き着いてしまうのである。そして誰もが、戦争の早期終結は良いことだと言わざるを得ないから、あの大量殺戮の原爆が善玉の兵器だったとなってしまうのだ。こうして Aquarian 氏も日本人も、原爆を善玉の兵器として認めざるを得なくなるのだが、これは Aquarian 氏も日本国民も望むところではないだろう。戦況の推移だけを頭に置いてそれに引きずられて見ているから、こういう不本意な結論になるのである。

私はこう考えるので、「原爆は戦争終結のために使われた善玉の兵器だ」という原爆神話そのものを、ここで完全に潰しておこうと思う。さいわい、それは少しも難しくない。私は進藤栄一氏の『失われた領土』で広島・長崎に原爆が投下された時の連合国側の状況を知ってから、原爆神話の否定を自信をもって言うようになったのだが、近頃はそれをもっときちんと語ることが出来るようになった。それは全く偶然から起ったことである。

私はある時、原爆に関しての不思議な記述にぶっつかった。それは加藤陽子氏の評判になった著書『それでも、日本人は「戦争」を選んだ』の一節である。

「ちなみに、一九四五（昭和二十）年七月二十六日に出された対日ポツダム宣言についてですが、現在の研究で判明しているところは、鈴木貫太郎首相が記者団に『ポツダム宣言黙殺、戦争邁進』と談話を発表していようがいまいが、アメリカ側は原爆投下のゴーサインを、ポツダム宣言発出の段階で出していたということです（このときの大統領は、四月に急死したローズヴェルト大統領の後を引き継いだトルーマン副大統領でしたが）。ポツダム宣言受諾の意思を日本側がもっと明確に連合国側に示していれば、広島と長崎に原爆は投下されなかったとの仮定は崩れることが資料から明らかになっています」

これには私は首をひねらざるを得なかった。「ポツダム宣言受諾の意思を日本側がもっと明確に連合国側に示していれば」とは、日本が明らかに降伏の意思を連合国側に伝えることだから、戦争は終りとなり、「広島と長崎に原爆は投下されなかった」はずではないか。それが「広島と長崎に原爆は投下されなかったとの仮定は崩れる」とは、「広島と長崎に原爆は投下される」だから、加藤陽子氏は、戦争が終わると分かっても「広島と長崎に原爆は投下される」と思っているのかと、私は何度も読み返したが、結局、ここのところは分からなかった。これは大事なことで、分からないままにしておける話ではない。ことに私は、父が健康だったら鈴木貫太郎に会いに行ってポツダム宣言を受諾させ、アメリカに原爆を投下させなかったかも知れないと思っているぐらいだから一大事だ。私は加藤氏にそれを尋ねる手紙を出した。すると加藤氏から親切にも直ぐ返事が来て、それには私の質問への答えは無かったが、彼女の言う「資料」が記されていた。それは長谷川毅『暗闘　スターリン、トルーマンと日本降伏』（中央公論新社）であった。私はこれで原爆が実際、いかにして投下に至ったかを非常に詳しく、かつ正確に知ることが出来、原爆神話を完全に粉砕する証拠が示されたと思うようになった。だからここで「暗闘」の紹介をしなければならない。

この長谷川氏の本は、題名が示すように、日本の降伏へ向けてのスターリンとトルーマンの暗闘である。長谷川氏はカリフォルニア大学サンタバーバラ校のロシア史専門の歴史学部教授で、アメリカ国籍をとった人というから、この問題を語る最適任者であろう。

話の舞台は、一九四五年七月十七日から半月にわたって開かれたポツダム会談で、主役はアメリカ大統領トルーマン、ソ連首相スターリン、イギリス首相チャーチルの三人である。会談の主題は、この年の五月八日に降伏したドイツの戦後処理だったが、他方で原爆をめぐっての暗闘が繰り広げられたのである。

まったく偶然の一致か計画か、ちょうど会談の前日の七月十六日に人類最初の原爆実験が成功した。これはもちろん、アメリカからポツダムのトルーマンに報告された。しかし彼はさほど喜んだようでもなかった。むしろ彼は、大統領になっての最初の海外旅行、最初の重要会議ということで、気持はこれからの会談のほうに向けられていた。彼が最初に直面する大きな問題は、スターリンがその年の二月にルーズベルトと結んだヤルタ密約通りに、ドイツ降伏後の三カ月以内に対日戦に入ると言ってくれるかどうかだった。それは、トルーマンがポツダムへ来る途中、妻へ不安の手紙を送るほどの心配だったのである。スターリンとの会談は七月十七日のポツダム会談が始まる前に行われた。そしてこれは予想に反して、まったく難なく片付いてしまったのである。トルーマンは回想録に「ポツダム会談に参加した理由はいろいろあるが、私の頭の中にあった最も重大な理由は、ソ連が日本との戦争に参加する確認をスターリンから個人的にとりつけることであった」と書いているが、会議中スターリンは突然、「ソ連はヤルタで決められたように、八月の中旬に戦争を開始する用意がある。ソ連はその言葉を守る」と言い切ったという。トルーマンは妻への手紙に「私はここに来た目的を達した。スターリンは八月十五日に何の条件もつけずに戦争に参加する」と書き、日記には「彼は八月十五日にジャップとの戦争に入る。ジャップもこれが来たらもうおしまいだ」と記した。

原爆実験成功の報告は七月十七日にも来た。これは、トルーマンには翌七月十八日に知らされた。彼はチャーチルと、原爆をどうスターリンに告げるかについて話し合ったりしたが、ポツダムでは別に大きな変化は起っていない。会談では予定通りの問題が、三巨頭の間で話し合われていたのであろう。ところが七月二十一日、原爆開発総責任者のグローブズから原爆実験の詳細な報告が送られると、状況は一変した。トルーマンは、原爆の爆発によって七十フィートの鉄骨が一瞬にして気化してしまうのを知った。そしてチャーチル始めすべての人が言うように、トルーマンは急に自信を持った様子を見せて、アメリカの宿舎、小ホワイトハウスは活気を持って動き始めることになった。グローブズの報告を読んで、トルーマンは、原爆を使えばソ連の参戦は必要なくなると気付いたのである。そのためにはアメリカは急いで、ソ連参戦の前に日本に原爆を落とさなければならない。だからこの方向で、小ホワイトハウスは一丸となって大車輪で動いたのである。

それがどのくらい大車輪だったかと言えば、早くも七月二十五日にはトルーマンは、陸軍戦略空軍司令官に向けての参謀総長と陸軍長官の原爆投下命令を承認した。原爆投下はすでに軍事的決定と見なされていたから、大統領の直接の命令は必要としなかったのである。そして日本に降伏を求めるポツダム宣言が発表されたのは、加藤陽子氏の著書にもあるように順序が逆になって、その翌日の七月二十六日であった。そのくらい原爆投下へと急いだのである。

このアメリカの動きは当然、ソ連の察知するところとなって、ソ連はアメリカ以上に急いで対日開戦しなければならなかった。ソ連はヤルタ密約で、参戦して日本から千島列島を奪い、中国からは大連港を租借することになっていたが、原爆で日本が直ちに降伏するとなると、ソ連は参戦できず目の前の餌は空手形になる。この絶対的に必要な参戦の前に、ソ連には急いでしなければならないことが沢山あった。軍隊の大移動などのほか、大連港を持つ中国との外交交渉なども必要だった。だからソ連も総力をあげて大車輪で動いたのである。

こうして両者とも努力して目的を達することには成功した。アメリカはソ連参戦の前に原爆を広島に落とすことができたし、ソ連は予定の八月十五日を早めて八月九日に開戦したから、ヤルタ密約を盾に権利を主張する資格を得たのである。

原爆投下と終戦に至るこの経過の中で、ソ連の動きは一言で言うと全く欲得のためだった。ではアメリカはどうか。アメリカは七月二十一日に原爆実験成功の詳報を得て、原爆で戦争を終わらすことが出来ると思ってからは、ソ連を対日参戦させまいと、それだけで動いた。ソ連の参戦を要請したヤルタ密約は失敗だった。しかしソ連参戦前に戦争を終わらせれば、ヤルタ密約は無かったことになる。これがうまくいけば失敗は消える。こうしてアメリカは、失敗隠しのために急いで日本へ原爆を投下したのである。

私は今、原爆神話を「原爆は戦争早期終結のために使われた」と簡潔な言葉で語る人に、いや違う、「原爆は失敗隠しに使われた」と、より簡潔な言葉で言い返したいと思っている。

八　再び原爆資料館と論争

――論理が分からない資料館

原爆資料館は田中氏と久野氏に守られて、二〇一〇年から展示の弱い部分に手直しをして砦を固めた。

その話を繰り返すと――資料館は、展示文の「原爆使用はドイツではなく日本」では、「一九四四年九月一八日にはニューヨーク州のハイドパークで行われた会談で、アメリカとイギリスの首脳は『原爆を日本に対して使用するかもしれない』と合意しました」の引用符『　』を取った。こうして資料館は「原爆を日本に対して使用するかもしれない」を米英首脳が会談で実際に語った言葉とはせずに、資料館の見解だとした。参考資料のハイドパーク覚書では、訳文を「『爆弾』が最終的に使用可能になった時には慎重な検討の末、ことによると日本人に使用するかもしれない」と「忠実な訳」の「日本人に使用」にした。

こう守備を固めると、攻めるのは容易ではない。資料館の副館長は何時の間にか交代したが、私のメールに対しては前任者と同じ様式で同じことを書いて批判を撥ね続けた。

岡井敏様

二〇一一・一一・二九

これまでの回答と同じ内容になることをお許しください。

「原子爆弾」のコーナーでは、原子爆弾が広島に投下されるまでの経緯を歴史資料に基づいて解説しています。「なぜ開発したか?」「なぜ日本に投下することを決めたのか?」「なぜ広島に投下したのか?」の三つの項目で構成し、広島・長崎への原爆投下が国家間の戦争の中で実行されたことであることから日本とアメリカの国家間の関係で、原子力の発見からアメリカによる原子爆弾の開発計画「マンハッタン計画」、そして広島への原爆投下までの経緯をたどっています。

以上のことから、岡井様の見解に沿った形で展示を変更することはできません。

なお、この中の「原爆使用はドイツではなく日本」の解説パネルに関連する資料として、当解説パネルの前にチューブ・アロイズの覚書全文を展示しており、文中の"against the Japanese"に対応する日本語訳「日本人に対して使用するかもしれない」を付しています。

以上、これまでの回答と同じ内容となりますが、今後お問い合わせをいただきましても同様の回答となりますことをご了承ください。

広島平和記念資料館 副館長 増田典之

振り返ると、Aquarian 氏はインターネットに主張を書いてくれた。彼は、「原爆は日本人に対して使用」は戦局の流れだと説明した。しかし資料館は、「原爆は日本人に対して使用」はそこに書いてあることがすべてであって、それ以上の意味は、他に資料が無いから分からないと対話を閉ざす。そして国家間の関係からは「原爆は日本に対して使用」である、とだけ言ってそれ以上は絶対言わない。だから議論にならないし、まして資料館に誤りを認めさせることなんか出来ない。それでも私は空しい試みを続けていたが、やがて「これではダメだ。展示の小さなホコロビでも見つけてそれを橋頭堡にして進む以外ない」と思うようになった。小さくても形式的に明白な誤りがあると分かれば、資料館も認めざるを得ないはずだ。そこに可能性があるだろう。

ここで私が取り上げようと思ったのは展示の見出し「原爆使用はドイツでなく日本」である。この見出しの母体は、もちろん「米英首脳は、原爆を日本に対して使用するかもしれないと合意しました」の展示パネル本文で、これにはドイツの文字は無いが、見出しにはドイツが顔を出している。それなら参考資料のハイドパーク覚書の「原爆は日本人に使用するかもしれない」は、「原爆使用はドイツ人でなく日本人」となるはずだ。ここで日本人とドイツ人が、資料館の立場からも同時に出て来るのだから、人種問題の議論に発展するだろうと私は考えた。しかし、こういう話は直接会って言わないと分からせるのが難しい。私は直ぐ資料館に行きたくなった。こうして私は二〇一二年の春、資料館に面会の約束を取り付けたのである。

その日、行ってみると増田副館長のほかに大瀬戸主査、それに若い学芸員の福島氏が待っていた。私は展示文と参考資料とを並べて比べる論理の話をするだけだから、穏やかに話せるし、直ぐに終わるかもしれないぐらいに考えていた。だから私は、資料館と自分とは、ほぼ一致した立場で出発しているのだと友好的に切り出した積りだった。

ところが増田氏は、私が展示文の日本と参考資料の日本人とを比べるように持ち出すと、まず展示文と参考資料とは同じレベルで扱うべきものではないと言い出した。参考資料は単発だが、展示文は総合判断でまとめたものだから、それには色々な資料や出来事が含まれている。そういう色々な要素を総合的に判断して「原爆使用はドイツではなく日本」となったものだと言う。しかし展示文に挙げられているのは一九四四年九月十八日のハイドパーク会談ただ一つだから、色々な資料と言っても参考資料のハイドパーク覚書だけの問題ではないかと私は指摘したのだが、資料館は、その他の事柄も全部総合判断して、国家間の関係で「原爆使用はドイツではなく日本」となるのだと言う。ここで金科玉条の「国家間の関係」が出て来た。そして総合判断は資料館の専権事項だからと、介入を許さない。いつもの資料館のメールの「これ以上はお問い合わせ頂いてもお答えしませんのでご了承下さい」が、実際の話し合いにも現れたのだ。のっけから私には越え難い高い壁が作られた。展示文と参考資料とが隔てられて、私の予定していた道は最初から塞がれた。

それでも私は、「原爆使用はドイツでなく日本」というのは米英首脳の判断を示したもので、それには一九四四年九月のハイドパーク会談のことしかないと主張した。しかし増田氏は、一九四三年五月の軍事政策委員会がトラック島の日本艦隊を目標にした時から、米英首脳の判断は既にそうだったと言う。こうなると見解の問題であって、また資料館の専権事項となった。それは私が最初から避けていたところであり、その避けるべき状況に私は落ち込んでしまった。結局成果のないまま、私は引き上げざるを得なかったのである。

しかし「原爆は日本人に使用」の言葉というのは、それだけでハイドパーク覚書の中で異様な様相をして出を待っているのだ。にもかかわらず、これに対して資料館は永遠に知らん顔をする。となると、ここで人の注意を引くためには、「原爆は日本人に使用」がどんなに異様な様相かを分からせるより他にない。それにはこの一つの文言だけで勝負する以外ない。私はそれを考えることにしたが、それは簡単だった。私は既に「原爆は日本人に使用」を以て「原爆はドイツ人でなく日本人に使用」と言っているではないか。私は一つの文言を使っただけだ。筋道はもう作り終えていたのである。後は、これをきちんと論理で固めるだけだ、それだけの話だったのだ。

私は「原爆は日本人に使用」の文言から自然に「原爆はドイツ人でなく日本人に使用」と言って来たが、ここには論理学でいう対偶 contraposition が働いている。これから私のやるべき事は、それを丁寧に説明することだ。

対偶は普段使わない言葉だが、われわれは普通、日常で当たり前に対偶を使っている。たとえば学校の運動部に山田選手と川田選手と選手が二人だけいて、大会にどっちを出場させるかの時、監督が「出場は山田選手」と貼紙すれば、川田選手は選ばれなかったことが直ぐ分かる。ここで働いている論理が対偶だが、それを少し杓子定規的に説明すると次のようになる。「人間は動物である」というような「AはBである」という文章（命題）からは「動物でなければ人間でない」が直ぐ出て来る。これは形式としては「BでなければAでない」であり、これが対偶である。まとめると、命題「AはBだ」が正しければ、対偶「非Bは非Aだ」も正しい。これを「出場は山田選手」にあてはめてみようか。対偶は「山田選手でない選手は出場しない」で、「川田選手は出場しない」だ。

「原爆は日本人に使用」に戻る。この対偶は「非日本人には原爆を使用しない」で、非日本人というのはドイツ人だから「原爆はドイツ人には使用しない」である。話は簡単なのだが、後少し複雑になるから、一つ余計な注釈を加えておく。命題の定形は「AはBだ」であった。だから「原爆は日本人に使用」も命題定形「AはBだ」の「原爆使用は日本人だ」としておこうか。対偶はもちろん「非日本人は非原爆使用だ」である。

少し複雑になると言ったのは、実はハイドパーク覚書が正確には「原爆は日本人に使用」ではなく、資料館の訳文を使うと「原爆は日本人に使用するかもしれない」だからである。論理の問題だから、この「かもしれない」は正確に扱わなくてはいけない。とにかく今われわれの知っている形式は「AはBだ」だから、先ず「原爆は日本人に使用するかもしれない」をこの形式に改めなければいけない。しかしそれは簡単である。「原爆は日本人に使用する可能性がある」、すなわち「原爆使用の可能性のあるのは日本人だ」で、「AはBだ」になった。この対偶は「非日本人は原爆使用の可能性がない」だから、ここでは「かもしれない」の不確かさも消えて「ドイツ人には原爆を使わない」が出て来た。なお、命題と対偶をもっと形式的にきちんと言うと「すべてのAはBだ」と「すべての非Bは非Aだ」であるが、これらは例文で「すべての」を付けてみれば分かるように大した問題ではないから考えなくてもいい。

これで準備は整った。私はハイドパーク覚書の「原爆は日本人に使用」という一文言だけで勝負ができるのだ。私はまたも増田氏に、このことについてのメールを送り始めた。

しかし例によって増田氏は返事を寄越さない。そこで私は、資料館のホームページの「メールのよるお問い合わせ」というのにも同じ内容の質問を送ってみた。もちろん、ここからも返事は無かった。ただしホームページには担当係の電話番号が載っている。そこで電話を掛けて返事はどうなっているのかと尋ねると、資料館内部で電話が回されたあげく、何と出て来たのは増田氏だった。私はまったく予期しなかったのだが、これは都合が良い。私はすぐに質問に入った。話はこんなふうに始まった。

「私は増田さんからご返事頂けないので資料館のホームページにある質問欄を使いました。しかしここからも回答がない。なぜか。尋ねようとその係に電話したら増田さんに回されたのです。返事が無いというのは異常ではありませんか」

「返事は出した」

「八カ月ぶりに二月前に一度だけありましたが、肝腎のことに答えておられない。そこで以来、何度も質問したが返事が無いのです」

「考えが違うからだ」

「どういうふうに考えが違うのか、それを追究して解決するのが資料館ではありませんか」

「ご指摘申し上げた」

「貴方の指摘は何も指摘していないのです」

「よくそんなこと言えましたですね。いい加減にしなさい。自分勝手な判断をするな。無礼千万だ。基本がなってない。君はそう判断するだけだろう。いい加減にしろ。無礼だ」

私は早く本題のハイドパーク覚書に入りたかった。

「資料館は展示で『原爆使用はドイツでなく日本』と言っているけど、ハイドパーク覚書はこれと違って『原爆は日本人に使用』となっていますね」

「色んな説がある。それを知らずに貴方は言う」

「え？　色んな説があるなら、それを教えて下さい」

「必要無い。貴方に教える義務がない。貴方に雇われているんじゃない。貴方に答えるようになっているんじゃない。貴方は歩み寄りが無い。考え方が違う」

増田氏はなかなかハイドパーク覚書の話に入らせないのだ。私は無理に対偶の話をした。しかし増田氏は受付けず怒り出した。

「公式文書では『ドイツ人に対してではない』とは言ってない。君のは論理でなく推測だ。『ドイツ人に対して』とどこに書いてあるか見せてくれ。どこに書いてあるか。ちゃんとFAXで書いて送れ。送って来い。腹が立つ。いい加減にしろ。君は『ドイツ人でない、ドイツ人に使わない』という証拠を見せろよ。ドイツ人に使わないとは書いてない。それは単なる推測だ。いい加減なことを止めなさい。個人の趣味なんかに従えない。色々言っても展示は変えられないんだ」

「ちょっと待って下さい。貴方は変えられない、変えられないとおっしゃるけど、私は資料館がおかしいと思う。ではどこへ行って言えば良いのですか」

「アメリカの公文書館へ行け。これ以上の回答はない。リサーチャーを雇って調べろ。無礼千万だ。遊びに関わっていられない。忙しい。君は人種差別などと言って――。回りの人間がうるさがって不快がっている。切る」

　この電話の後、私はメールを出すのを止めて、増田氏の指示に従って対偶を書いたFAXを送り始めた。もちろん返事は無い。私には広島の資料館に行くより他に道は無くなった。

　二〇一四年四月二十一日、私は再び広島原爆資料館で、増田副館長、大瀬戸主査、福島学芸員と対することになった。これで対話は増田氏との電話を含んで三回目であり、話がスムーズに進まないことは最初から分かっていたが、資料館側がことごとく突っかかって来るのは予想以上だった。増田氏はまず「貴方の意見は世間一般の判断から離れているから通らない。ハイドパーク覚書の一言だけで人種差別だと言うのは、それこそ区別の発言であり、差別の発言である」と言う。そして彼はJapanとJapaneseとは同じだとして、その証拠にトルーマンが私信にJapanをa cruel nationと書いたが、これはthe Japaneseでも同じことだと言い、Japaneseに何で差別的な意識があるんだと話をこんがらかせて来た。大瀬戸氏は、ハイドパーク覚書で言っているのは、原爆の使用と言っても一発目だけの話だと言う。なるほど覚書は「原爆が使用可能になった時」の「原爆」にはa bombと単数で書いてある。しかし覚書は「日本人には降伏するまで原爆攻撃をくり返す」と二発目以降のことも言っているのだ。福島氏は、歴史は物理・数学の論理で語ってはいけないと強調したが、では歴史の論理とは何かを尋ねると、それは自分で考えるべきだと突き放して来た。

資料館側から来るのはすべて敵意の発言である。そして話は発散して、増田氏との電話でのやりとりの繰り返しのようなことになってしまった。私はどうにかしてハイドパーク覚書のたった一つの文「原爆が最終的に使用可能になった時には、慎重な検討の末、ことによると日本人に対して使用するかもしれない」にたどり着こうとしたが、これがなかなか大変だったし、これをやっと持ち出しても、最初から紛糾した。大瀬戸氏はこの文の前半の「原爆が最終的に使用可能になった時には、慎重な検討の末」をきちんと考えずに、後半の「ことによると日本人に対して使用するかもしれない」を取り上げるのは良くないと言う。「原爆が最終的に使用可能になった時」の文には「原爆が最終的に使用可能にならなかった時」を考えなければならない、と彼は言うのだが、私には何のことだかさっぱり分からなかった。しかし増田氏が口をはさんだことも一緒に考えると、「原爆が最終的に使用可能になった時」とは戦況について語っているとのことで、ドイツが降伏して日本だけ戦っている状態を意味するという。だから「日本」と「日本人」とは同じだとする資料館にとっては、この後に続く言葉の「原爆を日本人に使用」と言っても、これは全く戦局から来る自然の流れであって、決して人種問題なんかでないという論法に至るのである。これはAquarian氏の話と同じだ。

私にとっては、これらは少しも合理的な主張ではなかったが、反論に捉われていると、時間がただいたずらに過ぎるだけだ。ハイドパーク覚書に「原爆は日本人に使用」と、わざわざ「日本人」と書いてあるところから出発しなければいけない。私が

「『原爆は日本人に使用』は『原爆はドイツ人に使用しない』ということです」

と言うと、増田氏がすぐ反論した。

「日本人に使うことをもって、ドイツ人に使わないことに結びつかないと思う」

増田氏は対偶が分かっていないのだ。討論は、対偶の説明をする場となった。私は話が受け入れられ易いように、誰でも知っている法律の問題を使うことにした。日本国民の成年者は投票権がある。これは憲法によって保証されている。では未成年者はどうか。法律には書いてないけれども、周知の通り投票権は無い。これは書く必要が無い。未成年者のことは、論理的に対偶から出て来るからだ。私はこれを話し出したのだが、こんな話でも時間はいたずらに過ぎること

になった。私が成年者の年齢を二十歳（当時）以上として、人を二十歳で分けると、増田氏は、二十歳とどこに書いてあるんだ、とゴネた。

しかしそれ以上に「原爆を日本人に対して使用するかもしれない」の「かもしれない」では、もっともめた。資料館側は「日本人に使用する可能性がある」といっても、使用する可能性が大きい時はどうか、小さい時はどうかなどと、関係ないことを次から次へと考え出して、私にとっては邪魔をしているだけに見える。

しかし一番根本的には、増田氏が「かもしれない」の入った対偶を理解し得ないというところに障壁があった。私が「原爆は日本人に使用するかもしれない。ドイツ人には使用しない」と言っても、増田氏は「原爆は日本人に使用するかもしれない。ドイツ人には使用しないかもしれない」と、「かもしれない」を間違って入れた「誤りの対偶」を頑強に言い張る。これではぼんやりしたことを言っているだけだから、何のことを言っているのか分からなくなってしまう。そこで私はまた初めから対偶の説明をしなければならない。しかしその説明の後も増田氏は依然として「原爆は日本人に使用するかもしれない。ドイツ人には使用しないかもしれない」と言うのである。私はまた説明を繰り返す。

その間、増田氏は「ドイツ人に原爆を使わないと公文書に書いてない。公文書を送れ。個人の文書でなく、アメリカの公文書館ででも調べろ。原爆資料館は言外に含まれることに基づいて展示は絶対しません。書いてないことは言いません」とか、「原爆資料館は、パネルの展示に『原爆は日本に使用』と書いてある他に、チューブ・アロイズの『原爆は日本人に使用』を参考資料として同時に展示しているから、見学者は両方を見て分かるようになっているではないか。これで何が悪いんだ」とかいった類いのことを言い続ける。またこんなこともあった。私が、参考資料では「原爆は日本人に使用」となっているのに、なぜ展示文を「日本に使用」としたのか、最初の決定した時の記録があるはずだから見せて貰いたいと言ったとき、増田氏は色をなした。

「そんなものは自分で調べろ」。自分で調べろと言っても、記録は原爆資料館にしかないのだから私に調べられるはずがない。私は公開すべきだと言ったが増田氏は怒るばかりだった。

話はまったく堂々めぐりで、増田氏が論理を理解出来ない間、また元へ戻ることを繰り返して無限運動をやるからきりがない。しびれを切らして私は言った。

「どこまで分かったかきちんとしましょう。口で言っていると、忘れたり繰り返しになったりで、はっきりしません。書いたものだと確かめられますし、詰めていくことが出来ます。以後、私は文書だけで質問しますから、資料館も文書で答えて頂きたい。今日はせめてその約束をして頂けませんか」

私がこう提案すると増田氏は猛烈に怒り出した。

「そんな約束なんかしない。何でそんな約束をしなきゃいけないんだ」

「きちんと討論をして納得する――これは当たり前のことじゃありませんか」

「断る。帰れ」

「いや、お答え下さい。お答え頂くまで帰りません」

「帰れ。警官を呼ぶ」

「どうぞ」

　増田氏は立って自席の机へ向かった。その一部始終が私の席からはよく見える。彼は電話を手にする。大瀬戸氏が席を飛び立ち、急いでそこへ行き話を始めた。やがて大瀬戸氏が戻って来て、私たち二人は意味の無い話をし始めた。大瀬戸氏は私を退去させようと一生懸命なのである。増田氏は電話を掛けるでもなし、ただ仕事をしている様子を見せる。しかし結局増田氏は権力を使って私を追い出すことに成功したのだ。私は何の力も無い大瀬戸氏を相手に座っている不毛を覚えさせられるだけで、遂に私は、翌日会って問題点をまとめるというだけの約束を得て席を立った。約束はもちろん、増田氏とでなく大瀬戸氏とである。

　翌日、私は問題点を記載した紙を差し出してコピーして貰い、それを大瀬戸氏に渡した。増田氏は予想した通り私に会おうとはしない。大瀬戸氏はそれを気にして私を玄関まで送ろうとしたが、私は断った。

　私には、資料館でせめてもやる価値があると思われた仕事が一つあった。私はもう馴染みとなった最初の展示室に入って行った。そこにはそんなに多くはないが見学者たちが切れることなくゆっくりと動いている。一人服装の違うのは、ボランティアの女性説明員だ。彼女は室の中央にあるパノラマの市街模型を使って、原爆がいかに悲惨なものか、多くの人を殺戮したかを見学者に説明している。私は展示室の出口近くに立った。そこを通る見学者は「原爆使用はドイツではなく日本」の展示と参考資料のハイドパーク覚書とを見終わったばかりの人たちである。昨日増田氏は、資料館はこの二つを一緒に展示したから、見学者には公正な知識を提供していると言った。しかし果たしてそうか。私は見学者の出口調査を私的にやろうとしたのである。どうせ口頭での問答だから簡単な調査で、尋ねるのは「パネルの展示文に、何が書いてありましたか」と「参考資料の覚書に何が書いてありましたか」の二つで、期待する答はそれぞれ「原爆は日本に使用」と「原爆は日本人に使用」である。私は日本人、外国人の各々十三人に聞いた。数は統計とは言えない少なさだが、それでも期待した以上の傾向が分かったと思う。

まず日本人だが、パネルの展示を「日本」と答えた人はたった五人だった。六人は「見なかった」と言い、あとの二人は「広島」「平和」と答えた。そして薄暗いガラスのケースに入ったハイドパーク覚書については、全員が「見なかった」と答えて、私は増田氏にこの結果を知らせたいと思ったほどである。参考資料のハイドパーク覚書は、資料館にとって言訳だけの展示になっているのだ。副館長兼学芸課長の増田氏はそんなことは百も承知のはずだろう。

ところで意外なことに外国人は、はるかにきちんとした見学者だと分かった。彼らの国籍はオーストラリア、ドイツ、フランス、アメリカ、インド、UK、キプロス、メキシコと多岐に渡るが、最初の質問には、よく見なかったと言ったドイツ人一人を除いて十二人がJapanと答えた。しかしハイドパーク覚書では、「見ない、覚えていない」がほとんどで、フランス人二人が「英語が分からない」だった。たった一人、メキシコ人は勢い良く〝Clearly Japan〟と言うので、私がJapaneseだと言うと彼は直ぐ見に戻った。アンケートを終えて、最後に私は、念のためにボランティアの女性にも尋ねると、何と原爆の悲惨さを熱弁をもって説いた彼女は、参考資料はおろか、展示も見ていないのである。聞いた以上はと思って私がハイドパーク覚書の説明をすると、彼女はしどろもどろになって「見ておきます」とだけ言った。この姿が資料館を象徴するものであろう。

資料館との討論を振り返ると、私はハイドパーク覚書で日本人、ドイツ人の問題にこだわり過ぎたと思う。ハイドパーク覚書をもう一度見直すと、該当する文章全体は、決して短く「日本人に使用」とだけ書かれているのではなく、「『爆弾』が最終的に使用可能になった時には、熟慮の後にだが、多分日本人に対して使用していいだろう。日本人には、この爆撃は降伏するまで繰り返し行われる旨、警告しなければならない」と筆を惜しまずに日本人について書かれているのが分かる。ここには、原爆の攻撃目標が「日本人」だとして「日本人」についてのみ語られ、「日本」については全く述べられていないのだ。だから資料館がいくら「展示は国家間の関係で構成」と言っても、実際に「日本人」のことしか語られていないのだから、これを「日本」のことだと言うことは出来ない。こうして原爆の攻撃目標が「日本人」であることを確定させれば、次にこれが日本人の大量殺戮を目標にするものだと進むのは少しも難しいことではなくなる。これが資料館に対して取るべき手法でなかったかと私は悔いた。

私はこういうことにも気付いた。それは一九四五年五月二十八日、米空軍はサイパンの航空隊に広島への焼夷弾爆撃を禁止したという事実である。もちろん私はこの日にちまで含めて、以前からこれを知っていたのだがその核心を深く考えたことはなかった。ポイントは、焼夷弾攻撃の対象に入っていた広島をわざわざ原爆のために空けたという点だ。なぜ焼夷弾でできることを、原爆でやるのか。実際、家屋の破壊だったら焼夷弾・原爆の両者にそんなに違いはない。焼夷弾でも全市を破滅させることは出来る。だから原爆に出番を求めなくてもいいのだ。しかし焼夷弾では決して出来ないことがある。そのために原爆が呼ばれた。人は焼夷弾からは逃れることが出来るが、原爆からは絶対に逃れられない。

広島への原爆投下の目的は、露骨に広島市民の大量殺戮だったのである。「原爆は日本人に使用」は先ずハイドパーク覚書で計画され、実際には原爆は焼夷弾を押しのけて使われ、計画と実行とが完全に首尾一貫したのだ。私は、ドイツ人のことなどを議論に使うより、この首尾一貫の事実をもって資料館に迫るべきだったかとも思う。

もちろん私は面談後、このことを何度も書いて、増田氏にメールで送った。しかし私に文書での回答を拒否した彼は、返事を寄越すはずがなかった。

二〇一四年の秋、私は思いがけず大瀬戸氏からメールを貰った。それは今、資料館が改修工事中で、そのため、あの問題になった展示がすべて取り払われたという知らせである。メールには新しく撮った写真が添付されていて、なるほど臨時の展示場となった長い廊下には、あっさりしたパネルが並べられているだけだった。私の攻撃した資料館の姿は無くなってしまったのである。私は今や無形のものを相手にして戦わざるを得なくなったと溜め息をついた。

九　知識人・原水禁・被団協などとハイドパーク覚書

――議論拒否の人たち

原爆資料館を相手にしていて、常に頭に浮かんで来るのは広島市大の田中利幸氏のことだった。彼は、弁護士事務所に頼んだ私の依頼事件から情報を抜き取って資料館と勝手な交渉をして、私を動き難くした。田中氏はそれを手柄のように思っているらしいが、私にとっては彼は刑法の「秘密を侵す罪」の犯人なのである。彼の専門は戦争犯罪だというが、広島市大でどんな研究をしているのかと私は疑っている。

そんな時、私は朝日新聞のオピニオン面「耕論」で「『核なき世界は』……」と題して、二人の専門家のインタビュー「被爆国日本の役割とは」が載っているのを見た。二人ともごく常識的なことを言っているだけだったが、そのうちの一人が「正確な認識が世界中に浸透すれば、数カ国の大国の政治指導者が同意するだけで、核兵器禁止条約が一気に成立することも十分にありうる」と言うのに私は注目した。ハイドパーク覚書によってこそ、この「正確な認識」が得られるのではないか。「耕論」での発言者は未知の人、水本和実氏だったが、私の目はその肩書きにも寄せられた。彼は広島市大広島平和研究所副所長という。あの広島市大にもこんな人がいるのかと私は意外に思い、早速水本氏に「耕論」ではハイドパーク覚書を語るところまで行って欲しかったとの手紙を出した。すると思いがけず水本氏は直ぐ電話をくれて、恐縮する私に大学院ではハイドパーク覚書の話をしていると言う。何か私の知らないところで、しかも取り分け広島で、徐々に事態が好転しているように思われた。これは希望の持てる話だった。それは二〇一〇年の暮である。

それから一年ぐらいの間に、私は広島原爆資料館の展示が外部の有識者のアドバイスで成立っているということを知った。水本氏は肩書きから言って、資料館に助言をする最適の地位にいる人のはずだ。是非もう一度、水本氏に話すべきだと思い、私は、資料館で是非しなければいけないのは「原爆は日本に使用」の展示文を「日本人に使用」と訂正することであるとの手紙を書いた。二〇一二年の初めである。するとこの時も水本氏は直ぐ電話をくれた。「話は了解したが、これには時間がかかる」というのがその時の水本氏の言葉だったから、私には話がもう始まっているように思えた。

ところがその後私は、資料館に展示検討委員会というものがあるのを知った。そして水本氏がその副委員長だというのである。私は少し意外な気がした。それなら水本氏はもっと内情を知らせてくれていいのではないか。いや副委員長ならむしろ積極的に展示訂正の話を進められるのではないか。そう言いたいのを私は随分長く押さえた積りだった。しかしある時、私は思い切って、水本氏にせかすのでなく話をするぐらいなら良いだろうと手紙を送ってみた。するとそれまでですぐ電話をくれていた水本氏から何の返答も来なかった。私は何か嫌な予感がした。そして予感はまさに的中したのである。以後、水本氏から連絡を受けることは無くなった。しかし折角存在を知った展示検討委員会だ。とにかく私は委員会と話をしたかった。水本氏が動かないなら展示検討委員会の他の委員たちに直接話しかけるより仕方がない。私は資料館のホームページで委員の名簿を見て、十一人の委員全員に資料館経由で手紙を送った。手紙はもちろん資料館の展示を「日本」から「日本人」に訂正して貰いたいとする陳情書である。委員長今中亘氏に対しては特別に念を入れて書いた。今中氏は中国新聞の社長をしていた人だという。すると今中氏から返事が来た。

岡井敏様

二〇一三・三・二二

広島平和記念資料館展示検討会議委員長 今中亘

「要望書」について（回答）

広島平和記念資料館の展示に御関心をいただきありがとうございます。

当展示検討会議では資料館の再整備に向け、昨年度は展示基本設計をとりまとめし、今年度は展示実施設計についての議論を進めており年度内にとりまとめを行うことにしております。

これらの過程では、館全体の各展示コーナーの機能や観覧動線、基本的な展示物等を定めますが、展示パネルの説明文や展示物のキャプションまでは定めるようにしていません。岡井様の要望書中に御指摘があった「原爆投下理由」等に関する具体的な展示の内容の検討については、来年度以降の作業となります。

この度、岡井様から御指摘があったことについては、来年度以降、展示パネルの説明文や展示物のキャプションの検討や作成を行う段階で、参考にさせていただきたいと存じます。

なお、当展示検討会議の設置趣旨は、今後行う資料館の大規模な再整備に向けての指導・助言を行うことであり、現在の資料館の展示内容については直接的に検討の対象としてはいません。しかしながら、今後の再整備にも関連があることなので、事務局である広島平和記念資料館学芸課に現在の展示内容について説明を求めました。その結果、現時点で確認できる公的資料や史実に基づいて適正に展示を作成しているものと判断しましたので、合わせてお伝えいたします。

何と言う官庁的な回答かと思う。今中氏は新聞記者出身のはずだが、いかにもお役所風の言葉を並べた後、「事務局である広島平和記念資料館学芸課に現在の展示内容について説明を求めました。その結果、現時点で確認できる公的資料や史実に基づいて適正に展示を作成しているものと判断しました」とだけ言って来る。私は展示を「原爆を日本人に使用」としないで「日本に使用」とするのが、「いかに公的資料や史実に基づかない不適正な展示であるか」を具体的に詳しく説明したのに、今中氏は問題点に入っても来ようともしない。私が公正な検討会議と思っていたものは全くの敵だった。しかし私は出来るだけ客観的に論ずるようにと、科学論文を書くときと同じように補足の形の説明文を送った。しかしこれに対しても今中氏からは最初と全く同じ文章の回答書が送られ、そのやり方は資料館と全く同一であった。それでも私は、委員長の今中氏がそうであっても、展示検討会議の委員にも考えて貰いたいと、全員に資料館経由で個別に手紙を出し続けたのだが、返事を寄越す人はゼロだった。そしてある時、検討会議事務局から大きな封筒が送られて来たので開けると、中には何と、私が送った委員あての封書何回分かが封を開けないまま、まとめて入っていて、これは転送出来ない、今後同様なものが送られて来たら着払いで送り返すとの威嚇的な通知が入っていた。私は徹底的に排斥されたのである。

私は、検討会議副委員長・水本氏には手紙を広島市大経由で送っていたから、これは戻されることは無かった。しかし水本氏はあくまで返答拒否を貫き続ける。私も最初の気分ではいられないから、段々遠慮なく、むしろ批判をはっきり出して言うようになったのだが、そんなことをしても水本氏には全く効き目が無かった――徹底的な言論無視ではないか。私は先ずこの根本的な点を問い糾したかったが、そんなことが出来るはずがなかった。

片付けられることは片付けようと思った私は、広島市大の田中利幸氏へ返事の催促をすることにした。彼は二〇〇九年の十月に「お返事を差上げたいのですが、これから私はまた長期の海外出張に出かけなくてはならないため時間がありません、あらためてまた、ご連絡させていただきます」と言ったきりスッポカしている。意見の不一致以前の問題として、その場限りの約束でごまかして平気でいる不誠実さが私には許せない。そう思い立った私は田中氏にメールを送ったのだが、またも返事は来なかった。そこで私は久野成章氏にメールの転送を頼むとやっと返事が来た。それは、彼が「あらためてまた、ご連絡させていただきます」と言ってから実に四年後の二〇一三年九月十二日だった。返事にはスッポカした詫びは一言も無く、あきれることに田中利幸氏は、自分を「秘密を侵す罪」の犯罪者であるとは全く自覚せずに、資料館の展示を改悪したとはサラサラ思わず、それを自分の業績として誇ることから返事は始まるのだ。何という厚顔で判断力を曇らせた人物であるかと思う。

岡井さん

二〇一三・九・一二

現在メルボルンに滞在中で、詳しくお応えしている時間がありませんので、簡単に意見を述べます。

（一）岡井さんの主張される「原爆は『日本』ではなく『日本人』に対して使う」という言葉がハイドパーク覚書で使われていることは確かです。

この点については久野さんと私が、原爆資料館に出向いて直接、間違いを訂正するように提言しました。

（二）ただし、原爆を最初からドイツに対して使うことは考えていなかったという岡井さんの主張には、私は賛成できません。詳しく書いている余裕がありませんが、下記のブログ（Aquarian）（略）で岡井さんを批判されている人（どなたか私には全く分かりませんが）の意見に、私は基本的には賛成です。

（三）しかし、アメリカ側が日本人に対して深い人種差別意識をもっていたとは、これまでの様々な研究で明らかなところです。とくにジョン・ダワー「人種偏見――太平洋戦争に見る日米摩擦の底流」で、そのことは見事に分析されています。したがって、原爆投下決定にも人種差別意識がおそらく働いていただろうと推定されますが、原爆投下が人種差別意識だけで決定されたかのような岡井さんの主張には賛成しません。

（四）原爆は大量破壊兵器で、無差別大量殺傷兵器であり、その使用は「人道に対する罪」であることは明らかです。核兵器の保有＝核抑止力は、無差別大量虐殺＝「人道に対する罪」を犯す準備、計画であることから、これは「平和に対する罪」であること。このことは、私はこれまでたびたび主張してきました。それのみか、原発建設も犯罪行為であると私は主張しています。下記の拙論（略）を読んでいただければ光栄です。

（五）「ホロコースト」であるという主張には賛成です。私は「核ホロコースト」という言葉を使います。

（六）正直なところ、私は、原爆をドイツ人に対してか、日本人に対してかという論争には、それほど重きをおいていません。原爆で無差別に大量に市民を殺傷したこと、生き残った被爆者たちがその後も放射能被曝で苦汁の生活を強いられ亡くなっていったこと、今も苦しんでいること。これは、犯罪を犯した者達の「動機」がどうであれ、重大な「犯罪」であること、この事実こそが最も重要であると考えています。犯罪事実の認定、その犯罪行為を加害者が認め、謝罪（これには核廃絶という行為が含まれます）すること。こちらのほうが私にとってずっと重要です。

（七）そして今、私たちが直面している最も危険な、人類を含むすべての生きものの生存をおびやかす危険性のある、福島第一原発四号基の燃料プールに入っている一五三三本の燃料棒（セシウム量は広島型原爆の五千倍）をどうするかのほうが、岡井さんが問題にされている主張より、はるかに、はるかに、私にとっては重要です。四号機建屋が倒壊したら、日本も倒壊します。世界中が放射能にさらされます。二〇二〇東京オリンピックの夢は、一挙に悪夢に変わります。オリンピックをぶっつぶしたいと思っている私ですが、こんなつぶれかたは全くごめんです。

以上、簡単ですが返信まで

田中利幸

何と言う無礼な手紙かと思う。彼はきちんと自説を展開することなく、恥ずかし気も無く権威に頼る。ジョン・ダワーを持って来る。Aquarian 氏を持って来たのも、Aquarian 氏が優秀だと思ったからだ。その点彼は正しい。Aquarian 氏は田中氏よりはるかに優秀だ。Aquarian 氏は田中利幸氏と違ってきちっと論理を展開する。しかし田中氏は見る力が無いから、Aquarian 氏が間違えてもそれが分からない。そのくせ自分を偉そうに見せたがるから「原爆をドイツ人に対してか、日本人に対してか」よりもっと「犯罪の事実」こそが「重要」であると、一段と高い場所から語るようにして言う。しかし「原爆をドイツ人に対してか、日本人に対してか」が、いかに非人道的な「動機」であり、この「日本人だけを原爆で虐殺しよう」とする非人道的な「動機」によって「犯罪の事実」がなされたことはアウシュビッツに並ぶ悪魔的所業であって、これがどんなに「重要」な点であるか、それが田中氏には分からないのである。彼のこの傾向は、彼をして、必要も関係もない福島第一原発四号基の燃料棒のことまで言わしめた。ハイドパーク覚書のことなんかに構っていられないと言いたいのだろう。

私は直ぐに問題点を挙げて彼にメールを送った。返事は来なかった。それが何回か続いた後、田中氏も帰国したら返事を寄越すかも知れないと思って、広島市大広島平和研に問い合わせると、彼は年内に帰るという。ところが何時になっても彼からの返事は無かった。彼に対して私は、間違っているではないかと問い糾しているのだから、彼は黙っていられないはずだが、それでも彼は答えない。私は段々激しい調子で言うようになったが、彼は無言を続ける。それは、学問の世界にも、こんな人間がいるのかと、呆れるばかりのことだった。彼はひたすら耐えぬいて、私の攻撃が止むのを待っているのである。田中利幸氏といい水本和実氏といい、広島市大広島平和研究所にはどうしてこういう人物が揃っているのかと思う。研究を掲げる研究所にいて討議にソッポを向ける。それは不思議としか言いようがなかった。

私はハイドパーク覚書を知って以来、私と意見を異にする人たちに対してこそ議論すべきだと思っている。しかしハイドパーク覚書のことなど、普通は話に出しにくい。話しても気まずくなる。それでも何とか機会を探すとなると、それは結局、反核で人の集まるところとか、マスコミに現れた発言をめぐってとかになる。話は少し戻る。

二〇一〇年十一月、世界平和アピール七人委員会が「武力によらない平和を」と題する講演会を開催すると知って、私は出掛けた。七人委員会というのは今は余り知られていないが、湯川秀樹、平塚らいてう等が立ち上げて、朝永振一郎も委員になっていたのだから、権威のある会というべきであろう。

その日の講演「武力によらない平和を」の中で私が注目したのは、翻訳家、池田香代子氏の「核はいらない、過去も未来も」で、私はこの題に惹かれた。過去も未来もと言うから、不易の道徳律に立って思想が展開されるような期待を覚えさせられる。しかし彼女が語ったのは、反核運動についてのまことに平凡な感想に過ぎなかった。蓄積された膨大な核兵器をめぐる誰とかの話とか、尖閣など領土紛争の話などに交えて「核はいらない」を個人的な感想として語るのだから、後に残るものがなく、私は非常に不満足を覚えた。彼女は「核はいらない」をわざわざ「過去」から説こうとしたのではないか。それなら核兵器の出発点のハイドパーク覚書から議論をすべきではないか。ここで犯罪が仕組まれたのではないか。彼女はそれを知らないのだろうか。

私は池田氏にこの点、是非聞いてみたいと思った。彼女はあれだけ目立った演題を持って講演会で話をするのだから、この問題での有数の知識人なのであろう。その人との意見交換なら、彼女にとっても私にとっても有益なはずだと私は真面目に思った。それで七人委員会の事務局宛にメールを送って池田氏と連絡をとろうと何度も試みたのだ。返事がないので、嫌われるだろうなと思いながら催促のメールも繰り返した。しかし結局失敗だった。やっと最後に事務局は、既にメールを池田氏に転送したのだから、それ以上のことは出来ないと言って来た。私は諦めざるを得なかった。そして池田氏に不信感を持った。

私は最初知らなかったのだが、彼女はナチス強制収容所を体験した心理学者フランクルの『夜と霧』の訳者で、この本に捧げた誠実さゆえに評判になった人だという。しかし彼女は講演会で話したことについて尋ねる人間に対しては相手にもしない。こうして私は素朴な疑問を持ち続けたのだが、これは単に私が世の中のことを知らなさ過ぎるだけの話のようだった。

私が最近知ったところによると、二〇一四年四月十五日、池田氏はツイッターに「あ　べ　しね」の四文字を投稿、非難の声にこれを削除したが、四月十七日、今度は「くたばっちまえアーベ」と再投稿。このために世界平和アピール七人委員会は四月二十四日、「池田香代子委員の退任について」という次のような声明を発表することになった。

「世界平和アピール七人委員会は一九五五年の発足以来、一貫して意見の異なる人たちとも対話を求め続けてきました。このたび池田香代子委員がツイッターでこの基本方針に反する記述を表明したことを知り、個人の発言であったにしても不適当だったと直ちに判断しました。池田委員からも『このたびの私の軽率な言動は委員会の方針にもとるものでした』として辞任の意向の表明があり、全員で討議した結果、委員退任を決定しました。七人委員会は初心を大切にし、世界と日本の一人一人が安心して安全に生きていける社会を目指して、これからも人道的立場から努力を続ける所存です」

敢て言うと、七人委員会も「一貫して意見の異なる人たちとも対話を求め続けてきました」ではないと私は思う。事務局は私のメールにろくに返事をしなかったのである。

振り返ると、私は納得できなかったので長い間、池田氏へ問いかけることを止めなかったのだが、池田氏は取り合わなかった。私は最初これを不思議に思ったのだが、やがて、それは一つの運動に携わっている人の共通の行動パターンであると思うようになった。自分の運動に対しては非常に一生懸命だけれども、それについての、あるいはそれを離れての議論になると、途端に言論無用、議論拒否になってしまう。資料館との関係がまさにこれだったが、池田氏もそうだった。「あ　べ　し　ね」の激しさ。しかしその路線を離れたところで出された意見に対しては見向きもしない。そしてこのパターンは、どこへ行っても共通だった。小さな集まりでも大きな団体でもそれは変らないのである。

それでも私は諦めずに、反核の団体――原水禁、原水協、被団協など――の声を直接聞こうとしたが、その手掛りはなかった。インターネットのホームページを探しての問いかけというようなことは、私は十年前ぐらいからやっていたが、どこも返事はくれなかった。そんな時、私の居住地つくばの隣の土浦で「原発を考える」という集まりがあって、その講演の第二部が「今こそチャンス　核兵器の禁止」の題だというので、それを聞きに出掛けてみることにした。演者は原水爆禁止日本協議会事務局次長という若い女性であった。私はこの題に期待したのだが、実際は原水禁の通常の運動報告といったもので、少しも「今こそチャンス　核兵器の禁止」ではなかった。核兵器禁止の署名集めの苦労話が延々と語られる。七百万人の署名を持って国連に行った、ニューヨークの通りを反核の声で満たしながら歩いた、などと彼女は熱心に語ったから、それは第一線からの報告を聞くようではあったが、私には余りにも中身が無いように思われた。アメリカに反核でわざわざ行くのだから、あの原爆神話で凝り固まった国の意見を少しでも変えるまでは望めないとしても、せめてその手掛りになるようなことを探って来るべきではないか。私は彼女の話に満足しなかったから、質問の時間になると直ぐ、この点を尋ねた。しかし彼女は初め、私が何を言っているか分からないようだった。私は具体的に説明しなくてはいけなくなったから、「アメリカの原爆神話を崩さないとダメでしょう。署名の数がいくら多くなっても、効果はないでしょう。アメリカが必要もないのに原爆を使ったことを言うべきです。ソ連が大軍で満州に押し込んで来ようとして、日本が降伏するのが時間の問題になっていた時、どうして原爆投下の必要があったのか、それをアメリカで問うたことがあるのですか」と尋ねたのだが、話はまるで噛み合わなかった。この時、私が論理という言葉を使ったのだろう。彼女は「ここは論理の話をするところではないのです」と言う。私も質問の時間を使うのに気が引けたから、そこで止めたのだが、これでは講演会から何も得られない。会が終わって私は彼女をつかまえてハイドパーク覚書の話等をして、私の本を渡した。彼女は読んで質問に答えると言って別れた。私は帰宅後、彼女の便利のために、私の質問を簡略に書き出してメールで送った。

私は会に出て、原水禁の人の考えを知ることは出来なかったのだが、彼女との約束には期待した。しかし暫く経っても彼女からメールも手紙も来なかった。私は、質問に対してきちんとした意見で答えるのでなく、簡単なコメントでいいと言ったのだが、何の音沙汰もない。二十日ほど経って、これでは忘れられてしまうだろうと、私は、もう一度質問の内容を箇条書きにしたメールを送ると、それに対する返事は来た。

どうも。確かに二通受け取っています。すみませんが、まだ十分に読んでおりません。世界大会の前で、私は、いろいろなことをやらねばならず、人もすくないですし、てんてこまいなんです。すみませんが、もうちょっと待ってください。

私は彼女の言うように待った。しかしそれから半年経っても彼女は返事をくれない。私がどうなっているのかを問い合わせると、これには直ちに返事が来た。しかし、それは拒絶の通知だった。

すみませんが、私は世界大会の前は、その準備に追われ、終われば事後処理、八月末から三度海外に出かけ、十月初めは国連に行き、昨日ニューヨークから帰ってきたばかりです。岡井さんのメールは読むのは五分かも知れませんが、お返事をするとなると、私は岡井さんのように歴史の専門でもありませんから、時間もかかります。はっきり申し上げて、そのような時間の余裕には私にはありません。私は、私のやり方で、核兵器廃絶のために仕事をしています。岡井さんは、原爆神話を砕くのが大切と思ってやっておられるということで、いいのではないでしょうか。

すっぽかすとか無視とかなんと、なんと言われてもけっこうですが、今の私はなんとも時間がありませんし、批判したりするほどの知識もありません。

なるほど彼女は忙しそうだった。しかし彼女はその忙しい中、とにかく東京から土浦へ出向いて来て話をしたのである。私の問題にするのは、その時の話についての質問である。同じ核廃絶を目指してもバラバラになる。これでいいのかを私は問いかけて、彼女は最後のメールで、結局バラバラで行くべきだと答えたのだ。これが本当に原水禁の立場なのか。私は確かめたいと思った。

私はその後暫くして東京に用事が出来た時、原水禁に寄ってみた。彼女はいたけれども、話したくない、帰ってくれと言う。二、三押し問答をしていると、事務局長という人がやって来て、話を聞こうと言う。私は応接室に入れられたが、そこでは私が話をするより、事務局長から原水禁の署名集めがいかに大事で大変なものであるかを聞かされることになった。運動に協力する人が炎天下、署名集めに駆け巡る。それは、全く尊敬すべきものであるという話だ。確かに私もそれは偉い人たちだと思う。しかし、その献身ぶりは、戦時中、日本軍が兵士にやらせたことに似ている。その献身さは尊ぶべきだが、運動それ自体に意味があるかどうかを先ず考えないといけない。私がそう言いかけると、彼はサッと立ち上がりドアを開けた。帰れと言う。その仕草は流れるようで、私は、ベテランのセールスマンの仕慣れた操作を見せられたように思った。私が直ぐそれに従ったのは言うまでもないが、こういうのが原水禁というところのやり方かと、驚くばかりだった。

日本原水爆被害者団体協議会、被団協は、反核の団体と言っても特別な存在である。それはもちろん、その会員が原爆の被災者であるという点による。そのために世の人々は、被団協に巨大兵器の凶悪さを一身に引き受けさせた申訳なさをもって接することになる。そして彼らの声が世界に届くようになればいいと思う。彼らは一瞬の閃光を浴びて命を落とし、生き延びても皮膚は垂れ、飛び出した眼球が垂れ下がり、血は流れ、呻き苦しんだ人たちである。彼らに対して非人道的な所業の極みが仕向けられた。被団協の人たちは、怒りを込めて原爆の残忍さ残虐さを糾弾する権利と使命とを持ったのである。そして世界はそれに頭を垂れなければいけない。こうして彼らはどのくらい長い間、このことを叫び続けてきたことだろうか。しかし原爆投下から何十年経った今、その叫びは最初と同じ驚愕を持っては聞かれなくなっている。被爆者も昔と同じ痛切さを持ち続けることは出来なくなっているに違いない。ただし世界に対して被団協の持つ地位というのは変らない。核の問題がある時には、被団協には発言の機会が必ず与えられる。被団協はこの特別な地位を最大限に活用して、当然の主張をもっと有効に世界に聞かすべきではないか。その方法を考えるべき時が来ているのではないかと私は思う。

被団協にハイドパーク覚書のことを知らせなければならない。私は、ハイドパーク覚書のことをきちんと「原爆は日本人に使用」と知るより前から、被団協には呼びかけを繰り返し、無反応を嘆いていたのだが、もっと本格的に語りかけなければいけないと思ったのである。

二〇〇九年、朝日新聞が「核なき世界へ」と題するシリーズで、有名被爆者へのインタビューを載せた時、被団協代表委員の坪井直氏は次のように語った。

「そもそも『核なき世界』はゴールじゃない。核兵器以外の武器でなら人を殺していいわけがない。すべての人間が尊厳を保たれ、健全に生きられる地球でないと。他の被爆者から『理想論じゃ』と笑われるけど、理想がなければ私は動けんよ。

話を聞いた子たちが十年二十年後に『坪井さんという被爆者が言っていた通り、戦争はいけん、暴力はいけんよ』と言ってくれれば本望よ。人類が明るい方向に向かうことを確かめてから、『バンザイ』と言ってあの世に旅立ちたいんよ」

これはまさに私の言いたかったことではないか。この時、私は直ぐ坪井氏に手紙を送った。しかし不思議なことに返事は来なかった。

翌年の二〇一〇年、やはり夏が終わってからだったが、私は音沙汰の無い被団協に今度は電話をしてみた。係がメールを送れと言うので、また同じようなハイドパーク覚書のことを書いた。ただし注意を引きたかったので書き出しには問題点をはっきり書いた。

二〇一〇・九・二一

日本被団協 御中

市井の一老人ですが、メールを差し上げることをお許し下さい。ただし九月十六日、私は係の方と電話でお話して、許可を頂いたような形になっております。用件は、被団協の運動に意見を述べさせて頂きたい、ということです。そして、これも電話でお話したことですが、私は二〇〇四年からほぼ毎年、そのことで被団協にメールを送り続け、一度もご返事を頂いていないのです。

被団協の運動を私が批判するのは、運動が折り鶴をかざしたり「ノーモアヒバクシャ」と叫ぶだけの形式化していることです。これはお盆に灯籠流しをしたりするのと同様で、年中行事にしか過ぎません。運動は本来、核兵器をなぜ無くさなければならないか、の議論を迫るものでなければならないのです。

すると二十日ほど経って初めて事務局長から返事のメールが来た。

岡井 敏 様

二〇一〇・一〇・一三

お手紙にお返事を書かなかったこと大変申し訳ありません。私は全国各県の被爆者団体の協議体である日本被団協の事務局長を務めています。長崎で中学一年生の時被爆し、五人の身内の命を奪われました。現在年金で生活し、ボランティア事務局長を務めています。日本被団協の役員は在職中から務め約四十年に及びます。

岡井さんがご指摘下さった「ハイドパーク覚書」のことは、岡井さんのご案内で私も初めて知りました。確かに、ご指摘のように原文によると、原爆投下の対象が「日本」ではなくて「日本人」であることに、余りのあけすけさに驚きました。当時の西欧人の人種差別意識をあらためて知らされました。ジョン・ダウワー《ママ》さんも「容赦なき戦争」中でアメリカ人が敵国の日本人をむき出しで差別していたことが書かれています。ルメイ将軍の発想による「市民」を対象にした都市の絨毯爆撃による殲滅作戦も人種差別がなければ発想できなかったことです。残念ながら日本国はこのルメイ将軍に勲一等旭日章を授与しました。

「ハイドパーク覚書」については、日本被団協がどのような態度を示すべきかを組織の問題として正式に「討議の対象」にはしませんでした。事柄は事務局長である私が紹介しましたが、大きな議論にならなかったことは、このことを言挙げすることが日本被団協の運動にとって積極的な意味を持つとは考えなかったことによると考えます。

私は、原子爆弾が日本人に対して投下されたことは紛れもない事実であって、最初にチャーチルが発言したかどうかをこえてもっと重大な問題だと考えています。そもそも原爆投下は人類に対する犯罪行為だと日本被団協は表明してきました。しかし、この犯罪行為を裁く法的な措置は今日の国際政治の中には存在しないと法律家はいいます。国際司法裁判所が「核兵器の使用と威嚇は一般的に国際人道法に違反する」との勧告的意見を諮問した国連総会に報告しましたが、この勧告的意見を原爆投下に結びつける世論は被爆者の訴えのほかにほとんどありません。

また、日本被団協は核兵器を人類とは共存できない兵器であり、存在を認めること自体反道徳的と至る所であらゆる機会に訴えつづけています。また、核兵器の使用を前提とする核抑止力を認めることも反道徳的であり、核抑止によって安全を保とうとするドグマを批判し核兵器国とその同盟国とその国民が核兵器を廃絶し、日本を含む同盟国は核の傘から直ちに脱却することを文書や会議で訴えてきました。

岡井さんが「被団協の運動を私が批判するのは、運動が折り鶴をかざしたりノーモアヒバクシャと叫ぶだけの形式化していることです。これはお盆に灯籠流しをしたりするのと同様で、年中行事にしか過ぎません。運動は本来、核兵器をなぜ無くさなければならないか、の議論を迫るものでなければならないのです」と日本被団協の運動を批判されている「言い方」は全く承服できません。誤解も甚だしいことを申し上げておきます。何を根拠に日本被団協の運動をお知りになったか知りませんが、日本被団協の月刊機関紙「被団協」やホームページをご覧頂けば上記の批判はないものと思います。残念です。日本被団協五十年史も是非ご購入の上ご覧頂きたいと思います。

日本被団協は核兵器をすみやかに廃絶することを求めて、高齢化した被爆者がさまざまな運動をつづけてきました。今年の五月にニューヨーク国連本部で開催された第八回NPT再検討会議に向けて、四十二人の被爆者を含む日本被団協の代表が百人余の日本生協連の代表とともに各国の国連代表部への要請や四十数カ所でのニューヨーク市民、小、中、高、大学の生徒、学生に原爆の反人間性を体験をとおして語りかけました。また、日本被団協は国連本部総会場ビルメインギャラリーで二カ月にわたって原爆展を開催し、被爆者が滞在している期間はパネルの前で体験証言しました。国連本部を訪問した世界各国からの見学者数千人が驚き、涙を流し、励まし、協力の意志を表明してくれました。四十枚のパネルのデザイン、作成はすべて募金によって日本被団協が作成したものです。ニューヨークを訪れた被爆者は費用は自分で負担しました。これらの活動は長年の活動の、そして今年の活動の一部でもあります。

日本被団協に結集している全国の被爆者は折り鶴をかざしたり「ノーモアヒバクシャ」と叫ぶだけではないことを申し上げて私のご返事とします。

田中熙巳

被団協事務局長が怒りをこめて語る私の描写した「被団協の運動」は、朝日新聞のNPT再検討会議の報道「ヒバクシャの声届かない　現地の関心低く落胆」（二〇一〇年五月二十六日）に基づくものである。

「『ノーモア・ヒロシマ　ノーモア・ナガサキ』。被爆者らは連呼し、通行人に折り鶴を渡すなどしたが、反応はいまひとつだった。被爆者の声、『盛り上がってなかったね』『これじゃただの自己満足だ』

米メディアは被爆者の訪米はもちろん、会議自体もほとんど報じていない。日本被団協は国連本部で原爆展を開いているが、『米国に限らず、日本以外のメディアからの取材はほとんどない』という。『NGOプレゼンテーション』でも、取材に来ていたのは日本の報道関係者ばかりだった」

私はもちろん直ちに謝りのメールを送った。しかしそれで一歩退くとしても、事務局長の手紙は私を全く失望させるものだった。彼はハイドパーク覚書を初めて知ったと言う。しかも「原爆投下の対象が『日本』ではなくて『日本人』であることに、余りのあけすけさに驚きました」とまで言う。しかし「このことを言挙げすることが日本被団協の運動にとって積極的な意味を持つとは考えなかった」のである。私はもう一度急いで、ハイドパーク覚書が人種を基にした原爆の大量殺戮で非人道的なものであり、ハーグ条約違反であることを書き送った。そして同時に、被団協の賛助会員になりたいとも言ったのだが、返事はもう来なかった。それから被団協へ連絡したのは、坪井直氏が広島原爆資料館の展示検討委員会の委員と知って、それに関する陳情書のようなものを送った時の一回だけだった。

しかし被団協のことはやはり気になる。二〇一四年になって私は、再び事務局長にメールを送ってみることにした。しかしもう門前払いをくっているから、話は普通には持っていけない。私が可なり注意を払ったことは、その時のメールの「件名」欄を見れば分かる。「お読みいただければ幸いです」とか「ぜひご一考を」とか、低姿勢だったのである。しかし予想通り返事はなかった。それでも私は大事な問題だと思ったので、今度は被団協のホームページの「あなたのご意見、ご感想をお寄せ下さい」というのに書いてみた。だがこれにも返事は来ない。私は被団協にどうなっているのかと、二度問合せをした。そのメールには事務局長のことも書いた。

日本被団協 御中

二〇一四・一二・一三

ウィーンの「核兵器の人道的影響に関する国際会議」の記事を見ると、是非考え直して頂きたいと切に思うのです。このままでは核廃絶は進展しません。新聞記事によると、事務局長は「核保有国から参加した米英に、多くの国が核兵器禁止条約を求めているのが今の流れだと示した」「米国に国際世論の流れをくじかせず、禁止条約への機運を盛り上げたい」「少しは議論の流れをつかまえて積極的に役割を果たしてほしかった」などと語られた、となっています。私が残念に思うのは、主役になるべき被団協がちっとも主役になっていないことです。主張されるのは、多くの国の作った「流れ」に関することであって、それは被団協が作ったものではないのです。

核兵器が非人道的だと言うだけでは、「ああそうですか」と言う国も、「ああそうですね」とだけ言う国もあって、積極的な流れは作れません。議論に巻き込んでいかなければ話は進まないのです。今、核兵器が非人道的という時、不思議なことに、非人道的として禁止兵器になっている毒ガス兵器との比較がなされたのを私は聞いたことがありません。米英も毒ガス兵器は禁止兵器としている。ではなぜ核兵器は禁止兵器としないか、おかしいじゃないかで、議論となるのです。

核兵器が非人道的というけれども、これを使う権力者のことは論じられたことがありません。ハイドパーク覚書は、核兵器を手にした時、権力者がいかに非人道的になるかの証拠として残されたものです。米英首脳は、「原爆は日本人に使用」としました。焼夷弾攻撃でも出来ることを原爆でやる。焼夷弾と原爆の違いは、人間の大量虐殺が出来るか否かです。米英首脳はその大量虐殺を計画して実行したのだから、日本人に対するホロコーストをやったのです。米英主導の戦争裁判で有罪としたナチのユダヤ人ホロコーストや、日本軍の南京大虐殺と同罪です。こういうデーターを出さずに議論したのでは、不完全なことしか出て来ません。しかしデーターを出せば広島・長崎への原爆投下が軍事でなく犯罪だと分かります。被団協は会議の一般参加者ではなく、犯罪被害者として全く特別な地位にあるのです。立ち上がって犯罪を究明できる立場にあるのです。

私の言うのは、事実と道理を尊べというごく平凡なことですが、これが世の中では行われていません。そういう平凡なことを世の人は聞いてくれません。しかし被団協は発言権を持っているのです。だから正論を言う代表として、活躍して頂きたい。世界の「流れ」の中にいるとして安心せずに、世界をリードして頂きたいのです。世界に「流れ」を作って下さい。是非偏見なしにこのメールを読んで考えて下さることを切にお願い致します。

これに対する返事はやっと来た。

岡井敏様

メールをいただきながら、お返事を出せず申し訳ありません。いただいたメールはたしかに役員に届いております。

たいへん忙しい毎日となっており、お返事をお送りするのが遅くなるかもしれませんが、役員のほうからご連絡させていただきます。どうぞお待ちいただければ幸いです。

どうもありがとうございました。

二〇一四・一二・一九

日本被団協事務局

しかし「役員のほうからの連絡」というのは遂に来なかった。

二〇一五年になると、核不拡散条約（ＮＰＴ）再検討会議の年として核軍縮がにわかに語られるようになった。会議はニューヨークで一カ月に亘って開かれたが、ＮＰＴの最終文書に、世界の指導者らに被爆地訪問を呼びかける提案を盛り込むか否かなどでもめて、本質的なことは進まなかった。被団協は五十人の代表団を送り、事務局長は現地で、「被爆七十年の年に前進がなく残念。いかに核保有国の国民に非人道性を伝えるか真剣に考えなくては」と言ったというが、「いかに核保有国の国民に非人道性を伝えるか」は簡単なことで、ハイドパーク覚書のことを言えば良いのだ。核を手にした世界の権力者がいかに非人道的になるか。ハイドパーク覚書をその証拠として核保有国の国民に伝えよと、私は言い続けて来たのだが、遂に彼にはそれは伝わらなかったのである。

そして結局、ＮＰＴ再検討会議は文書採択に失敗して決裂となった。アメリカが「中東非核地帯構想を話し合う国際会議」の記述を含む文書に不賛成を示したため、ＮＰＴ再検討会議は全会一致での文書採択という原則を守れなくなって決裂したのだと言う。中東非核地帯構想というのは、事実上の核保有国のイスラエルが、中東で唯一ＮＰＴに参加していないことを問題にするアラブ諸国が、長年訴えて来た構想だ。これに対してオバマ米大統領がイスラエルの隠された核兵器を守るために反対を指示した。彼は「ユダヤ人は核兵器を持っていい。アラブ人は核兵器を持ってはいけない」とするのだ。これは七十一年前、彼の先輩大統領のルーズベルトが「原爆は日本人には使っていい。ドイツ人には使わない」としたのと同じではないか。またも人種差別の表明がなされたのだ。こうして彼ら権力者は世界を乱す。私は「世界の権力者は核兵器を手にすると非人道的になる」と被団協に知恵を付けたつもりだったが、被団協はそんなことには見向きもしなかった。今世界で私一人がそれを嘆いているのだ。

私はただ正しさを求めることだけを目標にしたから、自分の発言が学問的に認められるものであるとの裏付けを取りたいと思った。それには歴史の学会で研究発表をすることである。と言っても私は別に新しい事を言っている訳ではないから、学会発表に多少の躊躇はあったけれども、ハイドパーク覚書を人より深く理解しているとの自信はあった。これはやはり学会で問えることであろう。そう思って私は歴史の学会を探したのだが、数あるうちで一体どれが適当なのか分からなかった。そんな時、大阪大学に歴史教育研究会というのがあると知った。これは大学と中高校を連携するもので、教員、大学院生の集まりのようで、ちょっと覗き見るのに都合がよさそうである。そこで私は出掛けてみた。

集まるのは約五十人。講演はやはり歴史教育に関するもので、日本に歴史学部というのが無いことを中心に話が進められ、私の関心事ではなかったが、私は質疑応答で、なぜ歴史教育でハイドパーク覚書が扱われないかを尋ねる予定でいた。そして講演が終わった時、私は司会者に、質問時間の最後にちょっとだけ時間を割いて頂けないかと一言頼んだ。その質問時間が始まると若い人から質問が色々出たが、一つ心に残ったのがあった。質問者は在日韓国人と名乗る若い女性で、外国人として日本で歴史を研究する不安を語ったのだが、講師は、自分もイギリスでたった一人の外国人だったが、外国人であったからこそ独自の研究が出来たと励まして研究会が何か和やかになったのである。最後に私の発言が許された。私は最初に出席者にハイドパーク覚書を知っているかと尋ねた。誰も手を挙げない。と思ったらたった一人、恥ずかしそうに挙げる人がいた。さっきの女の子だ。私はこの状況は異常ではないかと話を進めたのだが、すぐに紙切れが回って来た。「短くまとめてください」、私は直ぐに止めざるを得なかった。私の話はおそらく伝わらなかっただろうと思う。ただ収穫は、専門家あるいはその卵の中でも、ハイドパーク覚書を知っている人があれほど少ないということだった。しかも五十人中たった一人のその一人が、在日韓国女性だったということが何とも重苦しい空気を私に伝える。

私はそれから直ちに史学会というのに入って秋の学会講演に申し込みをした。ところが締め切り後、暫く経って講演不許可の通知が来た。問い合わせると「大学院生・PDで職を得ていない方を優先させていただいた次第です」という。私は驚いた。自然科学の学会ではこんなことはない。これでは史学会は就職斡旋会ではないか。若い人への就職援助は大事だ。しかしそれは学会発表とは別物だ。発表申し込み数が多いというのなら、会場を工夫するとか、ポスターセッションをするとか、何とでも方法はあるはずだ。しかし史学会理事会はそれを考えない。これは言論の自由を奪うもので、これでは学問のレベルを下げると私は思った。実際、歴史学の専門家が基礎知識というべきハイドパーク覚書を知らないという事実を私は掴んだのだから。そして私は、史学会に年会費をだまし取られたと思った。私が一年で史学会を退会したのは言うまでもない。

事実にはきちんと向かわなければいけない。そして道理を求めての討論をしなければいけない。知らん顔をするようではいけない。時が経つ内に、私はこれをハイドパーク覚書の問題というよりむしろ、一般的な社会の問題として考えるようになったのだが、最近、私はまたしてもこの問題で社会と私との溝を覚えることになった。

二〇一五年二月、NHKはETV特集として「立花隆　次世代へのメッセージ『わが原点の広島・長崎から』」を放送した。立花氏は七年前、癌にかかっていると分かって、今「気になるのは原爆の問題だ。次世代の人にメッセージを残そう。近く被爆者がいなくなる日が来る。その日に備えて一人一人が考えて欲しい」と思うようになったと言う。番組も立花氏のこの思いに添う構成だった。

二〇一四年八月、立花氏は広島で人を待っていた。それは一九六〇年、ロンドンの国際青年核軍縮会議で知り合ったディミトリ・ルソプラス氏である。当時大学生だった立花氏は、被爆の事実を映画や写真で知らせれば、それがあっという間に世界の認識になって反核が進むだろうと意気込んでいたのに、被爆の深刻さは伝わらず意気消沈して帰国した。ただ一人、ルソプラス氏だけは親切だったという。しかし以後カナダで反核の運動をした同氏との連絡は切れていた。

広島に来たルソプラス氏は語る。それによると——一九六〇年代にカナダにはアメリカの核ミサイルが多数配置された。ソ連からの核兵器を積んだ爆撃機をカナダ上空で撃ち落してアメリカを守るためだ。しかしこれが成功してもミサイルからの核残骸はカナダに落ちる。そこで「カナダをアメリカの盾にするな」の運動が起こり、ルソプラス氏はそのリーダーとなった。運動は広まりミサイルに反対する国民は増え、十年後、核ミサイルの撤去となった。この成功体験からルソプラス氏は立花氏に国民の意識で状況は変えられると語り、真の核抑止力は八月六日の広島と八月九日の長崎だとまで言ったので、被爆の事実をもって世界の認識を変えたいと思っていた立花氏とはすっかり意気投合したのである。

その後、ルソプラス氏は直ぐに帰国したが、それから立花氏の「次世代へのメッセージ」の動きが始まった。立花氏は、いま日本人は加害者だったことを忘れているが、「戦争とは何か」は加害者の反省から生まれなければならない、と語る。そして長崎大学から頼まれた特別講演のテーマを「被爆者なき世界のために、これから自分は何をなすべきか」とした。立花氏が「被爆者なき世界」と題して最後の被爆者が亡くなる日をとりわけ思うようになったのは、ロンドン滞在中、たまたま第一次世界大戦の最後の兵士が亡くなったのに遭遇したからだという。「体験こそ反対への原動力に」の立花氏は、特別講演では「すべての人が記憶すべきものが世界の共通体験になっていない。カナダの成功体験を見よ。国民の目をそちらに向けよ」と語る。こうして話は、世界にいかに広島・長崎の被爆を伝えるか、いかに被爆体験を継承するかに進むのだが、これが学生にはうまく伝わらなかった。立花氏は、世界に語るためには被害者としてだけではなく、加害者の反省の裏付けが必要だと説く。だが被爆体験を継承しようとする学生にとって、この話は重荷だった。彼らは考えあぐんで当惑しているようだった。それでも最後に立花氏はいいことを言った。それは、一人の学生が周りに伝えるのは難しいと言った時だ。「人を巻き込まないとダメなんです。それには熱意と言葉しかない」。

立花氏の言うのは正しい。しかし立花氏は学生にその熱意を吹き込めなかったのではないか。彼はここでハイドパーク覚書を語るべきだった。長崎の原爆は日本人へのホロコーストだと語って学生の胸を熱くすべきだったのだ。被爆体験の継承は感情になり難いが、同胞への非人道に対する怒りは継承される。肉親の体験でなくても継承される。アウシュビッツを訪れるユダヤ人の若者は当惑した顔など見せないではないか。彼らはユダヤ人のホロコーストに対する怒りを感情として持っているから、先人の体験の継承などで思い悩む必要がないのだ。

私は日本の若者には是非ハイドパーク覚書のことを教えなければいけないと思う。若者の胸を熱くしなければいけない。その時、被害者としての非人道への怒りを覚える若者は、加害者への怒りを抱くから、公平な目で加害者・日本軍の南京虐殺を怒り、中国侵略を怒り、太平洋戦線突入も怒ることになる。立花氏の言う「加害者の反省の裏付け」とは、このことのはずである。こうして日本人は、アウシュビッツの被害者のユダヤ人よりも良き平和の民となるだろう。ユダヤ人は被害者だったけれども、不思議なことに今はそれを忘れてパレスチナ人に対する加害者になっている。これは日本人の傾向ではない。日本人は「安らかに眠って下さい。過ちは繰返しませんから」と言った気質の国民なのだ。

私はこう思ったので、立花氏に手紙を送った。暫くしてまた書いたから、私は二度手紙を出したのだが、返事は来なかった。これは立花氏が今一番関心を持っている問題ではなかったか。そして恐らく立花氏が知らなかったに違いないことを手紙に書いたのだが、と私は思ったが、立花氏は反応しなかった。またも私は、コミュニケーションに失敗したのである。

十　朝日新聞を批判する

――事実を尊ばないマスコミの謎

二〇一三年七月二十七日、朝日新聞は「核兵器廃絶への道～核兵器の非人道性と被爆体験の伝承」と題して国際平和シンポジウムを広島の広島平和文化センターで開催することになった。広島平和文化センターというのは原爆資料館と同じ建物にある。題からして意欲的なこの集まりに私は直ぐ飛びついた。

私は、基調講演が「核兵器の非人道性と非合法化に向けた取り組み」となっているのに注目した。演者パトリシア・ルイス氏が、いかつい感じのする「英国王立国際問題研究所安全保障研究部長」であるのは気になるが、私はむしろ、演題の「非人道性と非合法化」の方に期待した。彼女は恐らく核兵器の破壊力が非人道的であることを取り上げるだろうが、一九四四年のハイドパーク覚書が非人道的そのものであることにも言及するだろうか。私はシンポジウムをどうしてもそこへ引っぱり込みたくて、広島まで赴いたのである。

主催が市と新聞社ということで、偉そうな人が沢山やって来て席の一角を占め、その中の一人が始まりの挨拶をした。「参加者と語り合っていきたい」――いいことを言うと私は嬉しくなった。

これならシンポジウムは成功するだろう。

そしてパトリシア・ルイス氏の話が始まった。彼女は話の順序として、核軍縮の歴史から始めて行ったが、本題に入ると直ぐ、「核兵器は正当か?」の問いを掲げた。そして非人道性とか非合法化とかの英語が字幕に映し出されると、その言葉の力強さに私は言葉の壁を忘れた。合法、レジティメイトという言葉が響きをもって、人に正当か否かを問い糾しているように思えたのである。世界的にその空気が広がりつつある。彼女の話は、これからいよいよ核兵器が合法か否かの議論に入る。しかし彼女の話はまたも核軍縮の歴史に戻った。そして、しきりに話されるのは核抑止力に関してであった。では一体、核兵器の非合法化の話はどこへ行ったのか。私は残りの時間を気にし始めた。核兵器の非合法化を言うからには、既に非合法化されている毒ガス兵器との対比をするのかと思ったが、それも一切なかった。彼女は核抑止力の話にばかり時間を割いて、せっかく「核兵器は正当か?」などと大見得を切ったのに結局、常識論しか語らなかったのである。そして彼女は講演の最後に、人道的な取り組みでなければいけないとして、「皆さんの力が必要です」で結んだ。

「皆さんの力が必要」――そう、それなら言おう。パトリシア・ルイス氏には、話が腰砕けになった理由を教えてやらねばならない。彼女は歴史の事実という一番基本的なものを取り上げず、事実をもって語らないから話に説得力が無くなったのだ。ここで私の言う歴史的事実とは、もちろんハイドパーク覚書だ。しかしルイス氏の話が終わっても質問の時間は無い。どうすればいいか。

壇上ではルイス氏が降壇しないまま話者は、司会者として登壇した人に移っていた。それは広島市立大学・広島平和研究所副所長の水本和実氏だ。あの水本氏である。彼はルイス氏の講演をまとめてその上で二、三の質問すると言う。

私は水本氏のナマの顔を見たのは初めてだったが、彼がどんな話をするかは、最初から想像がついた。壇上の水本氏は、あまり必要はないがと言ってやらなくてもいいようなルイス氏の話のまとめをやっている。そしてつまらない質問をルイス氏に出す。最後には「原発は？」などとまで聞いて、ルイス氏も「核兵器の問題と混同すると出口が見えなくなる」と軽く撥ねつけるほどだったのだが、これを見ていると、私はルイス氏に、これが日本の討論レベルだと思われることすら嫌だった。水本氏はサクラだ。しかし水本氏はこれで役割を終えたというように、ルイス氏の話の終了を宣言しようとする。もう時間がない。私は不意に立ち上がった。

「ルイスさんに是非お聞きしたいことがあります。ルイスさんは『核兵器は正当か？』という問いかけをなさいました。根本的な問いです。しかしこれに対する回答はされませんでした。答えられなかったのです。なぜか。最も大事な歴史的事実を出さないからです。歴史的事実を使えば答は直ぐ出せるのに、それをしないから、問いかけて答が出せないという失敗の講演になったのです。

ではその歴史的事実とは何か。ハイドパーク覚書です。一九四四年、まだ日本とドイツが米英の敵として共に戦っていた時、原爆は日本人に対してだけ使うと決めた。日本人に対してだけですよ。ドイツ人には原爆を使わないということです。これは何を意味するか。人種を決めて、その大量虐殺をするのだから、これはホロコーストです。アウシュビッツです。原爆は日本人に対するホロコーストなのです。これが戦争犯罪であることは明らかです。戦争犯罪なら核兵器は当然禁止兵器です。だからルイスさんの『核兵器は正当か？』には直ぐ答えられる。それが答えられないのは、歴史的事実を隠すからです。私は、それが世界の傾向であると今日初めて知りました。というのは日本でも隠す傾向があるからです。この原爆資料館では、ハイドパーク覚書の『原爆は日本人に対して使用』を『日本に対して使用』と変えている。はっきりと絞られた言葉『日本人』を包括的な内容の言葉『日本』に改竄しているのです。『日本人に対して原爆使用』を隠そうとしている。これはいけない。事実を尊ばないといけないのです。そしてその上に立って議論をしないといけない」

私は一気にこう言って座った。何年も考えていることだから一気に言えたのだ。しかし言い忘れは無かったか。私は途中で止められるかもしれないとヒヤヒヤしながら言ったから、飛ばしたところもあったかもしれない。しかしこの乱入に対する水本氏の対応は手慣れたものだった。「時間がありませんので、質問は後で個人的にして下さい。では皆さん、パトリシア・ルイスさんの講演に大きな拍手を」

私は直ぐに水本氏に抗議したかった。私の質問は講演の根幹に関わるものではないか。それを個人的に後で話せとは。

しかし「シンポジウム」は、会場の照明が落とされたまま、続いて被爆二世のバレリーナの話が予定されていて、私は動きがとれない。流れるように始まったバレリーナの話。その声は低くてイヤフォンのボリュームを上げれば聞けただろうが、私はもうそうすることもせず、時間の過ぎるのをただ待つばかりだった。

ところが休憩時間になって明るくなって見ると、ルイス氏も水本氏もいなかった。水本氏は見つけ難くてもルイス氏なら直ぐ分かるだろうにと、私は会場中を回ったが陰も形もなかった。そしてそのうちに後半部の開始の時間が迫って、私は席に着いた。すると隣の人が声を掛けて来た。

「あの話は良かったですよ。ああいうハッキリしたことを言う人は珍しいけど、私は賛成です」

意外なところでそういう声を聞いて、これには勇気づけられた。そこで私は「実は、もうちょっと言いたかったのですが――」というようなことを語ろうとして、「水本さんが――」と言っていると、その時、私の斜め左で顔がクルッとこちらに向けられた気がした。いつの間にか水本氏が席に戻っているではないか。私は隣の人のことなど忘れて立ち上がって左へ歩いた。

「岡井です」

すると水本氏が
「知ってます。後で――」

と言い、反射的に私も戻った。隣の人も何事も無かったかのように壇上に目を向けていて、もう私のほうは見ない。こうしてプログラムは後半に移ったのだが、それは「被爆体験の伝承」だったから、私はただ席に座っていただけだったのである。

シンポジウムは定刻五時に終わった。そして私は、話はこれからと思っていたのに、またしても水本氏は消えていた。「後で」というのは後で話そうという約束ではなかったのか。

こうしてシンポジウムは一切終わった。引き上げる人たちの中で、広島市長だと思って私が話しかけた人は別人だった。もう私はすることが何も無かった。私はただ自分の胸の中にしか怒りの言葉を発することが出来ない。

「水本さん。貴方は、残酷に殺された広島原爆犠牲者の側に立たないのですか。貴方は、チャーチルとルーズベルトを守る側に立つのですか。真実を語らないのですか。そういうことは、個人的に話すべき問題だと言うのですか」

資料館を出て、いつもと違う別の道を歩くと、太田川を渡り大回りすることになって、碁盤の街のはずの広島の中心街を曲がっては引き返し、曲がっては引き返し、汗をかいてやっと路面電車「本川町」の停留所にたどり着いた。それはまるで不出来な一日を象徴しているような終りだった。

帰宅後、と言っても翌日になっていたが私は急に思い付いて、事務局の朝日新聞平和シンポ係へ、ルイス氏に会わせて貰えないかとメールを送った。

二〇一三・七・二八

「国際平和シンポジウム」の目的は得られませんでした。私は不当に討論を封じられた者として、パトリシア・ルイスさんときちんと話をしたいのです。日本人には、あの程度の話で済ませる、と思わせたくない。それに世界の指導層がいい加減な話をし合っているのを許せない。世界の空気を変えなければいけないのです。ルイス氏に面会する仲介をして頂けませんか。シンポジウムの主催者として、ただ外国人を呼んで講演させただけでは済まないではありませんか。あんな話のために旅費や謝金を出したのでは勿体ない。「国際平和シンポジウム」は開会の言葉通り、「参加者と語り合い考え合って」だったのではありませんか。ご返事をお待ちします。

すると、核と人類取材センター事務局長からすぐ返事が来た。

二〇一三・七・二九

謹啓　このたびは「核廃絶への道」のシンポジウムに遠方よりご来場いただき、ありがとうございました。(中略)

今回のシンポジウムでは、プログラム上の時間の制約もあり、ご期待に十分お応えできなかったことにつきましては申し訳なく思っております。「人種差別への言及がなく、まったく説得力がない」とのご指摘も、貴重なご意見として受け止めます。ただ、パトリシア・ルイスさんが多くの聴衆の方々に改めてわかりやすく、「核抑止の考えはもはや適切ではない」と訴えられたことは意味があったと考えております。

パトリシア・ルイスさんにお伝えしたいことがあれば、お手紙を先方に転送することはできます。手紙を二重封筒にしてこちらに送っていただければ、先方の住所に郵送いたします。ただ、先方から返事をいただけるかどうかは、先方のご判断になることはご了承ください。

今回、ご意見を下さったことに敬意を表します。今後とも、多くの方々のご意見を参考にしながら、このシンポジウムを実りあるものにしたいと考えております。どうか温かい目で見守って頂ければ幸甚です。謹白

核と人類取材センター事務局長 副島英樹

岡井様

二〇一三・一〇・一〇

この「謹啓、謹白」という言葉がどんなに白々しく映ったことだろう。結局、朝日新聞は私をルイス氏に会わせないようにする。それでも私は言われるまま、即刻彼女への手紙を書いた。返事が来ないのでまた書いて、英国王立国際問題研究所宛に書留郵便を送った。これにもなお返事が無いので、王立国際問題研究所（チャタムハウス）の彼女のメールアドレスを探してメールを出した。するとやっと短いメールが返された。二カ月後である。

お許し下さい。ご質問を忘れていたのではありません。遅れたのは一にシリア紛争のためで、私は平和的な解決を見出そうとずっと係わり合っていたのです。それに貴方のお手紙というのは、きちんと考えてお答えしなければならないものです。これには時間がかかりますが、出来るだけ早くお答えします。

パトリシア

Dear Mr. Okai

Please forgive me. It is not that I have not been giving your question any thought. My delay has been entirely due to the Syrian crisis in which I have been very engaged in attempting to find peaceful solutions.

In addition, your letter deserves a full and thoughtful reply. This will take time. I shall reply as soon as I can. With very best regards

Patricia

シリア紛争の平和的解決を探って時間に余裕が無いと言われれば、待つより仕方なかった。もちろん私はまた別に文章を書き、同じ質問をして彼女の記憶を薄れさせないように、とは計った。しかし彼女は返事を寄越す気はまったく無かったのだ。これがイギリス流のやり方か。しかし私は定期的にメールを出し続け、遂には「督促状」のタイトルをつけて送るようになったが、彼女は無言を続ける。そんな状態に入り始めた頃、私は、シンポジウム担当の朝日新聞・核と人類取材センター事務局長に長文のメールを送った。メールには双方とも、もうよく知っている経過を述べた後、私はルイス氏と朝日新聞の責任についても論じた。

二〇一四・一・二七

核と人類取材センター 御中

私は、朝日新聞社も彼女から侮辱を受けたと思います。朝日は、読者の購読料から謝金と旅費を出して彼女に講演を依頼したのでしょう。しかし彼女は、それに値する働きをしなかったのです。シンポジウムは、テーマを論じ合い有効な結論を出すのが目的です。しかし彼女は、何の目的も果たさなかった。食い逃げです。彼女は私にたった一言書いて来ました。"In addition, your letter deserves a full and thoughtful reply." だから彼女自身、自分の話が不完全だったと認めているのです。講演への問いに答が必要だと認めているのです。それなら補って始末をつけなければいけないのに、彼女はそれをしない。日本をバカにし、朝日をバカにし、もちろん私なんか相手にする気は最初からない。こういう人間を許すべきではないと思います。(中略)

朝日新聞社は今回のシンポジウムをどう締めくくろうとするのですか。主催者として、ルイス氏に質問への返事を要求する側に立つのは当然だと思います。それをしないと、朝日も聴衆を騙し、読者を騙したことになります。国際平和シンポジウムなるものを開催して格好をつけただけになります。朝日新聞は、今回のシンポジウムには理念を掲げて主催者となったのだから、ルイス氏に問いただして、その目的実現に努力すべきではありませんか。理念はどうなったのですか。

単なるお飾りですか。やるべき具体的な問題点は私の質問で示されたのだから、その解決へ実行出来ることは実行すべきです。私は、歴史を見よ、ハイドパーク覚書をきちんと取り扱うべきだ、と言いました。（中略）

朝日新聞は、二〇一三年にはシンポジウム「核兵器廃絶への道～核兵器の非人道性」を開催したから、二〇一三年の仕事は済ませた、などと言っていてはいけないのです。朝日だからやれた、というようなことをやらないといけないのです。朝日が世界をリードして当然なのです。

これに対して朝日新聞・核と人類取材センター事務局長からの返事は直ぐ来た。

二〇一四・一・二九

岡井敏様

謹啓　メールを拝読いたしました。核兵器廃絶の問題は簡単には解決できず、時には無力感に襲われることもご指摘の通りです。だからこそ、こうしたシンポジウムを重ねることで、核兵器廃絶への意思を改めて確認しあい、それを発信する意義はあると思っております。簡単に解決できない問題だからこそ、あきらめずに関わり続ける必要があると考えます。シンポジウムの内容がなってない、との岡井様のご批判は、ご意見として尊重いたします。ハイドパーク覚書の重要性を訴えられている岡井様のご主張も尊重しております。ただ、ハイドパーク覚書への言及がなかったことでシンポ全体を否定されるのは残念です。ルイス氏や弊社に対する名誉毀損的な表現も散見されますので、今後はご留意いただきたく存じます。

こちらも岡井様のご依頼にお応えしようとルイス氏への手紙の転送などをさせて頂きましたが、岡井様にお返事するのかしないのか、どんな内容で答えるのかはルイス氏ご本人の判断になると思います。岡井様のご意見が先方の胸に響けば、何らかのリアクションが頂けるかもしれません。ご理解のほど、どうかよろしくお願いいたします。謹白

核と人類取材センター事務局長 副島英樹

返事は今度も「謹啓　謹白」だが、今回は核と人類取材センター事務局長は開き直って、名誉毀損だと言う。ほんの事務的な転送を恩着せがましく言う。ルイス氏から返事がないのは、私が向うの胸に響くようなことを言っていないからだと言う。しかし私がシンポジウムに成果がなかったというのに対して、彼は何も答えられなかったのである。彼は「ハイドパーク覚書への言及がなかったことでシンポ全体を否定されるのは残念です」と言う。核と人類取材センター事務局長は、ハイドパーク覚書こそ「シンポジウム『核兵器廃絶への道～核兵器の非人道性』」の核心であることが全く分かっていないのだ。世界の権力者が核兵器を手にした時、いかに非人道的になるかの証拠がハイドパーク覚書であるのに、彼はそれに気が付かない。だから彼は「ハイドパーク覚書への言及がなかったことでシンポ全体を否定されるのは残念です」と平気で言う。こ

れが朝日・国際平和シンポジウムの最高責任者とは。しかしこれが朝日新聞のレベルだろうと思う。そして私は今、ルイス氏を通じてイギリスにも疑惑を持つようになっている。

広島市大の水本氏にもシンポジウムの後、メールを送り続けた。しかし彼は全く答えず沈黙を続ける。私は思い出しては返答を催促する。「後で——」この言葉は彼が答えるまで決して消えないのだから。

二〇一三年というのは、私にとって別の思いがけないことが押し寄せて来た年だった。夏には映画監督のオリバー・ストーン氏が、歴史家のアメリカン大学准教授ピーター・カズニック氏と一緒に来日してニュースとなった。この二人は「オリバー・ストーンが語る　もう一つのアメリカ史」という原爆投下を批判するアメリカ史を書いて評判になっている。そのストーン氏が初めて爆心地、広島・長崎を訪れるというのである。カズニック氏は、原爆で戦争を終わらせたとする原爆神話の批判者であって、「原爆投下は必要なかった。原爆投下は戦争終結の口実に過ぎず、ソ連の参戦が日本を降伏させたことは、ほぼ間違いない」という。彼はこうして「もう一つのアメリカ史」の旗手となっているのだが、私にとっては物足りなかった。アメリカの一貫した路線が「原爆は日本人に対して使用」であったこと、そして広島への原爆投下の直接的な理由は「アメリカの失敗隠し」だったこと——これら駆動力となった動機の方を彼は言わないからだ。カズニック氏は今、歴史を総覧してアメリカの原爆の果たした役割を批判するだけで、原爆投下の時点におけるその行為自体の善し悪しを言っているのではないから、私には彼が物足りなく思えるのである。しかしストーン、カズニックの両氏は大変なもてようで、ＮＨＫは「もう一つのアメリカ史」のＴＶを何度も番組に組み、両氏を国際政治学者で東大教授の藤原帰一氏らと対談させたりもした。これらの番組を私は可なりきちんと見たつもりだが、そこでは唯一の資料とも言うべきハイドパーク覚書は全く取り上げられなかった。これはカズニック氏に問わなければならない。私はそう気付いて、ルイス氏の件での失敗もあったからと、カズニック氏を探し始めたのだが、その時、彼はもう帰国した後だった。私はパソコンを開き、アメリカン大学のカズニック氏のメールアドレスを見つけると、メールを送り始めた。こうして私は一挙にルイス氏、カズニック氏と、二つの問題を抱えるようになったのである。

ルイス氏がただ一度の返事を寄越して二十日ほど経った時、今度はカズニック氏から私の質問への答のメールが届いた。しかし、それは最初から私を面食らわせるものだった。というのは、カズニック氏は広島市大の田中利幸氏の親しい友人で、しかも田中氏が優秀だと言うからだ。

二〇一三・一〇・二九

岡井さん

貴方の e-mail を受け取って、私はそれを友人、広島平和研究所の優れた研究者タナカ・ユキに転送しました。ユキは貴方から同じような e-mail を日本語で貰った。非常に忙しいが、遠からず二人に返事をする」とのことでした。しかし彼からの連絡はまだ無いので、私は、いま出来るだけのことをしてみようと思います。

ハイドパーク覚書は、アメリカでは可なり良く知られています。覚書はマーティン・シャーウインの優れた著書『滅ぼされた世界』の付録に印刷されています。貴方の指摘された「日本人に対して」は、その通りです。実際日本人は既に原爆の目標として引き出されていました。このことは一九四三年五月五日の軍事政策委員会の会議で決定されたのです。委員はブッシュとコナント、それに陸海軍の代表者たちで構成されていました。レスリー・グローブズは陸軍の代表でした。出席者たちはトラック湾の日本艦隊を目標に指定しました。そこでは水深が十分深くて、もし爆弾が期待に反して不発だったとしても、引揚を困難にします。委員たちはまた、日独の科学水準から見て、ドイツの方が日本よりずっと進んだ核計画を持っていると考えられるので、爆弾が不発だった場合、ドイツ人の方が日本人より不発爆弾から多くの知識を得ると信じていました。

その後、その年にマンハッタン計画兵站グループを率いる海軍大佐パーソンズは、爆弾を運ぶ航空機にB29を選びました。この飛行機は太平洋戦にだけ使用が意図されたもので、対独戦に使うとは考えられませんでした。またドイツが日本より先に敗北するであろうと考えられたこと、これが日本を目標とした理由を一層納得させるものとなっています。私は貴方が、原子科学者会報のA・マヒジャニの一九九五年五月の論文を見ることをお薦めします。貴方が、これが広く議論されていないと言われるのはその通りです。私はこの問題で講演する時は、その都度言及することにしています。

これでお答えになっているかどうか、お知らせください。もっと早くご返事しなかったことをお詫びします。オリバーと私は日本から帰ってからノン・ストップで動き回っていたのです。

ピーター・カズニック

この頃ちょうど私は、返事を寄越さない田中利幸氏に何度も催促のメールを送っていた。それをカズニック氏は「ユキも同じような e-mail を貰った」（ユキは田中氏のペンネーム）と言うのであろう。しかしそんなことよりも私が彼の手紙に納得しなかったのは、私がハイドパーク覚書自体について語ったのに、彼はそれにまつわる雑談しか語らなかったからだ。

彼は「もう一つのアメリカ史」において、日本に原爆を使う必要がなかったことを言うために、アイゼンハウアーやマッカーサーなど軍の最高指導者たちのほとんどが、原爆は必要ないという意見だったことを挙げたり、日本政府の高官たちのほぼ全員が、降伏の決定的要因はソ連侵攻だったと語ったことを挙げたりして、傍証を固めることに熱心だったが、私への手紙でも彼は同じようなことをした。傍証を固めることに力を注いで、「事実と論理」に鋭く突っ込むことをしないのだ。

ここで言う「事実と論理」とはハイドパーク覚書等の資料や記録に関してだが、彼はそれについては返信でちょっと触れただけで他の話をし始めた。私が一九四四年のハイドパーク覚書で、米英首脳が「原爆を日本人に使用」としたのを問題にしているのに、彼は「原爆は日本人に使用」ならもっと前に、一九四三年五月五日の軍事政策委員会の会議で決定されたと言う。日本人はドイツ人より科学面で劣るから、「原爆は日本人に対して」と委員たちによって決められたとカズニック氏は語る。私も実はこんな話があるのは知っていたが、それは軍事政策委員会の会議の議論でしかなく、その議論の内容が仮に正しいものとしても、それはその会議での軍事技術レベルの結論に過ぎず、首脳レベルの話ではない。いま問題にしているのは米英の原爆政策についてだが、歴史家カズニック氏は基本的な間違いを犯した。歴史資料には上位レベルの新しいものを使って当然なのに、彼は下位レベルの旧いものを使ったのだ。しかも彼はこの二つの繋がりを示してはいない。

議論は瑣末に入ってはいけない。とにかく私は、ハイドパーク覚書の話を事実と論理で考えて貰いたいとカズニック氏に頼んだのに、彼はちっともそれに応えてくれなかったから、私は出来るだけ話が通じるようにと、その後のメールでは問題点を箇条書きにしたり、私の主張に一々註をつけたりして工夫をこらしてみたのだが、彼がその後くれた返事は、最初のものよりもっと、アメリカ人としての感想文といったものであった。それは戦時中、アメリカで日本人がいかに嫌われていたかを述べたものである。

二〇一四・一・九

岡井 敏様

一九四三年五月以降、爆弾は常に日本人に対してと意図されていました。明らかに人種差別の理由以外に、「超空の要塞」のＢ29が太平洋だけに使われることや、爆弾投下失敗によって奪われる知識などが理由に挙げられました。しかし疑いなく戦争遂行に人種差別は大きな役割を果たしました。私がこれまで広く語ったり書いたりしたことですが、アメリカ人は史上、ドイツ人を含むいかなる敵よりも日本人を憎悪して、あの決定には人種が突出した役割を占めることになりました。日本人を収容所送りにしたことは、その一つの顕著な現れです。だから多分人種差別が日本人を目標にし、ドイツ人を目標にしないという決定に要因となって作用したのです。しかし、それがどれだけ動機への要因となったかは、われわれは確信を持って決定できません。紙上では他の理由も挙げられています。そこでは何が考えられているか、知ることは不可能です。

だからわれわれは、他の意見や説明に基づく推測をあるがままにするだけです。推論と確固たる証明とは別です。私も書いたように、トルーマンは確かに人種差別主義者でした。彼は日本人を憎悪し、野獣と考えると自認していました。歴史家は、トルーマンには原爆使用にどれだけ責任があるか、今なお議論しています。私は多くの人たち以上に彼に責任を負わせています。しかし私は、貴方の重要な問いは黒白の答に至るものではないと思います。

申し訳ないけれども、私の知識に基づいてはこれ以上、明確にお答えすることは出来ません。

もし貴方が決定者の動機についてもっと証明を持っておられるなら、私はその主張に従うのにやぶさかではありません。
ピーター

私はハイドパーク覚書という限られた文書だけについて、そこに込められた非人道性を議論しようとしたのだが、カズニック氏はあくまでも、なぜルーズベルトがハイドパーク覚書に「原爆は日本人に使用」と書いたかの背景だけを語る。私はハイドパーク覚書の中の一つの文章だけについて語ろうと、対偶 contraposition という言葉まで入れて彼を促したのだが、彼は乗って来なかった。彼はアメリカの空気の日本人嫌いだけを述べて、しかしこれが原爆投下の原因になっているとは言えないと言う。結局、カズニック氏の言うのは、日本人はかつて無いほど嫌われた敵だったから、ハイドパーク覚書に「原爆は日本人に使用」と書かれても仕方が無い、の常識論になって来るのだ。そして彼は「それが非人道的か否か」の議論には決して入って来ない。これではかみ合うはずがない。そして彼は以後の私のメールに対しては無言に入ったので、私は議論を諦めざるを得なかった。言論の自由を誇るアメリカでもハイドパーク覚書は隠される。私はこれをカズニック氏を通じて初めて知ったのである。

朝日新聞に二〇一四年、激震が走った。購読者数が大幅に落ち込んで社長が交代したのだが、発端となったのは誤報事件である。東電福島第一原発所長だった吉田昌郎氏が、東日本大震災・

原発事故での緊急状況の下、職員に免震重要棟からの退避を指示して、彼らは福島第二原発に退避した。ところが事故から三年経った二〇一四年の五月、非公開だった吉田調書を入手したとする朝日の記者が、事実は「所長の待機命令に違反し福島第二原発に撤退」だったとする記事を発表したのだ。しかし実際は違反しての撤退ではなかった。だから記事は勇み足だったと訂正すればそう大きな問題にならなかったはずだが、朝日新聞はその措置を直ぐには取らなかった。

そしてそれに続いて八月に、昔の慰安婦報道が間違っていたとする検証記事を朝日が出したところ、ちょうど慰安婦問題が再燃していた頃だったから、遅過ぎるとか、間違いに対する謝罪の言葉が無いとかの批判が集まった。なるほど韓国・済州島で慰安婦を強制連行したとする吉田清治氏（故人）の証言が記事になったのは三十二年前で、証言に疑問が出て来たのは二十二年前というから、批判はもっともである。しかしこの段階でもまだ大問題にはならなかったが、大きな騒ぎになったのは、これが池上問題になってからである。

朝日新聞には毎月一回、池上彰氏の「新聞ななめ読み」が掲載されて好評なのだが、池上氏が慰安婦報道検証に「訂正、遅きに失したのでは」の原稿を寄せたところ、朝日新聞は掲載見合わせとした。もちろん池上氏は納得しない。読者も納得しない。それで急に朝日はおかしいではないか、の騒ぎになったのである。

大事件になってからの朝日は、慌てて「信頼される新聞を目指して」となりふり構わなかった。幹部の記者たちがしきりに、自分たちは傲慢だった、読者といかにかけ離れていたか、身のすくむ思いだと語り、役員が読者と対話するショーのような「車座集会」というものを開き、若手社員は購読を中止した家を訪ねて話を聞いた。新社長は「重く受け止め正確な報道徹底　みなさまの声に耳を傾け続けます」と紙面で語る。朝日新聞社内には「報道と人権委員会」「第三者委員会」「信頼回復と再生のための委員会」などが設置され、「信頼回復と再生のための行動計画」が発表され、「公正な姿勢で事実に向き合います」「多様な言論を尊重します」「課題の解決策をともに探ります」が理念として掲げられるまでになった。朝日はひたすら低姿勢をとる。

こうして朝日の紙面に毎日のようにこれらお詫び記事が載った時、私はこれでやっと一九九九年八月一日にハイドパーク覚書の「原爆を日本人に使用」を「原爆を日本に使用」と書いた誤りが訂正されるだろうと思った。この問題は、慰安婦の吉田問題と違って論争が表に出たものではないが、それを正してこそ「信頼される新聞」である。いわば朝日新聞の「信頼回復と再生のための試金石」である。そう思って私は、「信頼回復と再生」を語る朝日新聞の社長を初めとする実力者たちにメールを送り続けたのだが、返事は一通も来なかった。だから私は、読者の中でも一番はっきり朝日新聞の「信頼回復と再生」が口先だけのものであることを、体験でもって思い知らされたのである。

この朝日新聞の騒ぎが収まった頃の二〇一五年六月二日、朝日の紙面に意外な人が大きく載った。朝日はアメリカン大学のカズニック氏をインタビューしたのだ。カズニック氏は教授となり、核問題研究所長になっていた。そして被爆七十年の年、アメリカで新たな原爆展を開催するという。記事はそれにからんでのものらしく、インタビューの表題は「米国で原爆神話に挑む」である。早速、原爆神話について語られた。

その見出しは「日本『降伏』の意向　知っていた大統領　狙いはソ連牽制」で、これが神話を崩すキーワードであろう。カズニック氏は、本土侵攻で失われる恐れのあった数多くの米兵の命を救うため原爆が使われたとする「原爆神話」をまず否定した。アメリカは、日本が降伏を模索しているのを知っていたのに、三カ月後の本土侵攻をしないために原爆を落とすのでは整合性がないと言う。これはその通りだ。しかし具体的にインタビューで実際の原爆投下の問題に入ると、今ひとつ話ははっきりしなくなった。私は多少の苛立たしさを覚えながら記事を読み返した。記者が尋ねる。

「トルーマンが広島・長崎に原爆を投下した真の狙いは何だったと考えますか」

カズニック氏が答える。

「トルーマンの頭の中にソ連の存在があったのは間違いありません。ソ連が参戦する前に日本の降伏を促したかったのです。原爆投下によって、ソ連に対してメッセージを送ったのです」

メッセージを送る——これでは何のことか分からない。記者も同じ思いのはずだったに違いない。その証拠に記者は、また聞いている。

「原爆が勝利をもたらしたというのは『神話』であって、実際にはソ連の参戦が決定打だったということですか」

これに対しては最初、カズニック氏は「決定打」という記者の言葉を受けて、それに答えるというように語り出した。

「トルーマンは『八月十五日までにスターリンが対日参戦する。そうしたら日本は敗北する』と述べていました」

しかし続いてカズニック氏は、ポツンと原爆のことを言うのだが、彼は「原爆によって戦争を終わらせたのではなくて、戦争が終わる前に原爆を使いたかったのです」としか言わないから、結局アメリカが何のために原爆を使ったかは、少しも説明されないままにインタビューは終わったのである。

カズニック氏は、例の傍証で固めるということしかしない。「ソ連に対してメッセージを送った」「戦争が終わる前に原爆を使いたかった」のような状況描写では何のために原爆を使ったのかさっぱり分からない。しかしこのような状況描写の中でもアメリカの意思を覗かせるものがあった。「(トルーマンは)ソ連が参戦する前に日本の降伏を促したかったのです」――これも状況描写だが色合いがちょっと違う。このぼんやりした表現を詰めて行くと、トルーマンが「ソ連参戦前に是非とも日本を降伏させよう→ソ連に参戦させまい→ヤルタ密約の失敗を表に出させまい」と意図していることに行き当たるのだ。しかし記者はカズニック氏の発言のこの大事な部分をぼんやり聞き流していたらしい。ここを突っついてこそ、日本への原爆投下に軍事的理由が無かったことが明らかになるはずだった。しかし記者は突っ込まなかった。それをしないのは、朝日新聞がハイドパーク覚書を隠している体質の現れである。きちんと真実を追求しようとしない新聞社の体質が記事に出た。私はそれを朝日のディジタル版の「お問合せフォーム」に書いたが、もちろん無視された。朝日の体質は朝日問題があってもちっとも変らないのだ。

朝日新聞は、二〇一五年の国際平和シンポジウム「核兵器廃絶への道〜被爆七十年核兵器の非人道性を見つめ、非合法化へ〜」を七月二十五日に、場所はまた広島平和文化センターで開催するとした。基調講演は元国際司法裁判所ＩＣＪ裁判長のベジャウィ氏が行うというから、「核使用　一般的には違法」とした一九九六年のＩＣＪの勧告的意見をめぐっての討論になるのだろう。私はこれに可なりの期待を持った。ＩＣＪの勧告的意見なら法的問題だから、議論も事実と論理の問題になるはずだと思えたのである。

ただし私はＩＣＪの勧告的意見というのをきちんと知っているわけではなく、また余り高く評価していなかった。それは新聞に発表されたこの意見が、歯切れが悪かったためだが、私の知っているのは次のようなものだった。

一九九四年に、世界保険機構ＷＨＯが、「戦争や武力紛争での国家の核兵器使用は、健康と環境への影響から見てＷＨＯ憲章等の国際法の違反となるか」と問い、さらに国連総会が「核兵器の威嚇または使用は、どんな状況ででも国際法上許されるか」と問うたのに対して、国際司法裁判所が答えることになってＩＣＪ勧告的意見が出されたのである。この司法的判断は一九九六年に発表されたが、主文が「核兵器は一般的に国際法に違反する。ただし国家存亡にかかわる極限的な自衛状況の場合については明確な結論を出せない」となっていて、このただし書きが私には気に入らなかった。核兵器を禁止すべきだと言いながら、直ぐその後で、国家存亡の危機の場合を例外とするのだから、論理的におかしい。そもそも核兵器を使わなければいけないような国家存亡の危機というのは、核兵器で脅かされた場合に限るはずで、「核兵器は一般的に国際法に違反する」の原則を守って核兵器を禁止兵器としていれば起こり得ないことであり、従って、ただし書きは不要なはずなのだ。

次に、ＩＣＪの勧告的意見がひ弱く見える点が気になるが、この最終意見というのは十四人の判事のうち、七名が賛成、七名が反対で、まとまらないところを裁判長の賛成票でどうにか形を整えたのだから、どうしても権威のあるものとしての重さが備わらないのである。

結局、今まで私はＩＣＪの勧告的意見というのを余り高く評価しなかったのだが、いい加減に見ていてはいけない。しかも折角シンポジウムのテーマになるというのだからと、少し調べてみることにした。すると私は誤解していたことに気付いた。ＩＣＪの意見は、賛成七、反対七でバラバラなものだと思っていたのに、勧告的意見というのは項目別に分かれていて、私が一番重要と思う項目、Ｄ項の「核兵器の使用または威嚇は、武力紛争に適用されうる国際法、特に国際人道法の諸原則、諸規則、並びに核兵器を明文で扱う条約と両立すべきである」は、何と十四名の判事全員一致の意見となっているのだ。勧告的意見は、国際人道法の原則「（一）文民を攻撃しない（二）不必要な苦痛を与えない」が核兵器にも完全にあてはまるとしたのである。そしてあの七対七にしても、内容を調べてみると、ただし書きが気に入らないからとして、三人の判事が反対に回ったことが分かった。だからこの三人の判事はむしろ正統派なので、小さな不一致が表に出ただけで、ＩＣＪの勧告的意見は、本当は一〇対四の多数派意見のはずだったのだ。

ＩＣＪの勧告的意見をこのように肯定的に取るとして、これを味方にして核廃絶にどう進むべきか。われわれは、国際人道法を議論にもっと取り入れなければならない。国際人道法は世界の共通言語である。判断の規準に国際人道法を使えば、信頼性も増し、分かり易くもなる。

ここで私は、ハイドパーク覚書を知らずに勧告的意見を出したＩＣＪが、もしこの覚書を知っていたら、勧告的意見がどう変ったかを考えたくなった。ＩＣＪの法廷にハイドパーク覚書が提出されたら、ＩＣＪの判事たちはきっと驚いたはずである。何となれば彼らは国際人道法の「（一）文民を攻撃しない（二）不必要な苦痛を与えない」を基本原則とする立場だのに、ハイドパーク覚書は「原爆は日本人に使用」として、この（一）をも（二）をも真正面から踏みにじっているからだ。おまけに一九四四年にこの覚書を書いたのがチャーチルとルーズベルトで、ルーズベルトと言えば、伝記を見れば分かるように最初は有名な人道主義者だったからだ。

ルーズベルトは一九三八年、前年にナチのドイツがスペイン北部のゲルニカを空爆して住民二千人を殺傷したことと、日本軍が中国の重慶での空襲で住民一万人を殺傷したこととを非人道として激しく非難した。これはシカゴ演説として歴史に残っているという。その彼が一九四四年、ドイツ人、日本人の中から日本人を取り出して大量殺戮しようとするのだ。人道主義の彼にはそれがどんなに非人道的であり国際法違反であったかは分かっていただろう。事実、国連の前身の国際連盟もゲルニカ・重慶の空爆を非難し、空爆を軍事目標に限定するよう求める決議案を全会一致で採択したのだ。しかし戦争となると、また超強力兵器の原爆を手にするとなると人は変る。人道派の最右翼だったルーズベルトが、非人道の極みとも言うべき「日本人に対するホロコースト」の提唱者になった。極端から極端へのこの振幅の大きさ。それを人は予見することなど、とても出来ない。この事実に直面して、人のなすべきことはただ一つ。核兵器を、人間にとってコントロール不可能の兵器ゆえに、禁止兵器として世界から無くすことだ。ＩＣＪの判事たちも当然そうとしか勧告的意見を言えまい。私は、こう勝手に想像上のＩＣＪの法廷に思いを巡らせてハイドパーク覚書の重さを思い、その知られることの稀なるを嘆いた。

ところで朝日新聞の国際平和シンポジウムでは、基調講演はＩＣＪ元裁判長ベジャウィ氏が行うというが、シンポジウムでは一体どんな話になるのだろうか。

私は一昨年の経験から不安を持ったので、シンポジウムが発表された後、事務局にシンポジウムには質問が出来るようにして貰えないかと頼んだ。すると予め質問のアンケートを取ると言う。これは進歩だと私はやや安心したのだが、シンポジウムの内容の方は依然として発表されず、講師の顔ぶれだけがプログラムに載った。これでは内容は分からない。質問の書きようもないではないか。その人たちはほぼ、私の知らない人たちだった。

そうこうする中に、ちょうど岩波の雑誌「世界」の八月号が出て、私は一人の研究者の論文に注目することとなった。それは、東工大教授の池上雅子氏の「原爆投下政策決定再検証」で、注目というのは、題名もさることながら、池上氏が朝日シンポジウムの今度の講師の一人だからである。

池上氏は「原爆投下政策決定再検証」で、いいことを言っている。「ノーモア・ヒロシマ・ナガサキと感性に訴える反核平和運動は核兵器の悲惨さを世界に知らせる上では極めて重要だが、核原爆決定過程の真相や、非戦闘員の大量殺戮が人道に対する罪だという核心に触れなければ、核廃絶に自ずと限界がある」と。これはまさに私が思っているところである。しかし困ったことに池上氏は、根本問題の「原爆決定過程の真相」を正しく語っていないのだ。一番肝腎なハイドパーク覚書を彼女はこう言う。「ドイツの敗戦色が濃くなった一九四四年九月のルーズベルト・チャーチル首脳会談は『ドイツ降伏後、まだ日本が戦争を続行している場合、原爆は日本に対して使用する』ことを何らためらいもなく決定した」と。彼女はまるで、戦争の流れで、原爆が他に使う相手もいないから日本に使ったかのように淡々と書いているのである。ハイドパーク覚書が、国際人道法の「文民への攻撃の禁止」に逆らった「原爆は日本人に対して使用」という非軍事であるのに、彼女はこれを勝手に「原爆は日本に使用」と、軍事に変えてしまっているのだ。これはAquarian氏のやったのと同じ基本的な間違いである。こうして池上氏の解釈からは、日本人が原爆ホロコーストの「生けにえ」にされたことは出て来ない。彼女は、問題の「核心に触れて」いないのである。

国際平和シンポジウム「核兵器廃絶への道」は七月二十五日の午後一時から始まった。第一部は被爆体験の継承等で、休憩を挟んで基調講演やパネルディスカッションの第二部となり、質問のアンケートはその休憩時間に集められた。だから、講師が何を話すかを聴衆はまったく知らずに質問を書くことになったのである。

そんな中で私は一つ、有効な仕事をしたと思う。それは開会の挨拶をした朝日新聞の編集担当の常務、西村陽一氏を捉まえたことだ。私は彼に端的に、朝日新聞が一九九九年八月一日にハイドパーク覚書の「原爆は日本人に使用」を「日本に使用」と間違って紹介して、以後改めようとしないのはなぜかを尋ねた。これを尋ねるのに編集担当の最高責任者の西村氏はうってつけなのだ。すると意外にも西村氏は、何のことだか分からないと狐につままれたような様子だった。私は、朝日問題が朝日の紙面を賑わし西村氏が責任者として前面に出るようになってから、何度となく西村氏に手紙を出したり、朝日新聞の「問合せフォーラム」というのを使ってメールを送ったりしているのに、彼はそれを知らないという。実際、こっちがハイドパーク覚書と言っても、彼にはこの言葉も通じなかった。彼は本当に私の手紙など読んでいないようなのだ。彼は非常に紳士的なのだが話は進まない。一体朝日新聞というところはどんな組織になっているのかと、迷宮入りのようだったが、西村氏は、私の話を聞いて調べてみると言う。それは望みうる最上の回答だったから、私はむしろ安心して第二部のために席に戻った。

それからベジャウィ氏の基調講演というのが一時間続いたが、それはＩＣＪの勧告的意見の歴史をたどるだけだったから、もっと短くても良かったと思う。シンポジウムの題は「被爆七十年核兵器の非人道性を見つめ、非合法化へ」なのだから。

パネル討論になって各パネリストの冒頭発言が始まると、早速池上雅子氏が「世界」に載せられたのと同じ話をした。「ドイツの敗戦色が濃くなった一九四四年九月のルーズベルト・チャーチル首脳会談は『ドイツ降伏後、まだ日本が戦争を続行している場合、原爆は日本に対して使用する』ことを何らためらいもなく決定しました」——彼女は滑らかに喋ったから、聴衆はこれを歴史的事実として素直に受け取ったに違いない。しかしこれは事実ではない。間違っている。ルーズベルトとチャーチルが決定したのは、「原爆は日本に対して使用する」はでなく、国際法が「文民への攻撃」として禁ずる「原爆は日本人に対して使用する」である。しかもこの時、敵国民はドイツ人と日本人だったのに、日本人に対してだけ原爆を使うとした。ルーズベルトとチャーチルは一九四四年九月の会談で犯罪を犯したのである。これをきちんと明らかにしないと原爆使用の犯罪性が見えて来ないのだが、司会の国際基督教大学客員教授・吉田文彦氏がこれを決して取り上げないのを私は知っている。彼は朝日に在職中、朝日の核問題の最高論者だったから、私はハイドパーク覚書のことで吉田氏に何度となくメールを送ったけれども、彼は一度も返事をくれなかったのである。今度も私の質問は取り上げてくれないだろう。

聴衆の質問は、集められたものの中から吉田氏が選ぶことになっている。しかし先ずその時間配分が、私には不適切に思われた。ベジャウィ氏には、もうたっぷり喋らせたのに、吉田氏はさらに余分なことを尋ねる。それに答えてベジャウィ氏は「人間は戦争の考えから抜けられない」とか「戦争は有益かもしれない。必然かもしれない」とか話をどんどん変な方向にエスカレートする。しかし司会の吉田氏は悠然としている。聴衆の質問もどうでもいいようなものを取り上げる。私はイライラしてきた。もう時間はとっくに無くなっているのだ。池上氏は間違ったことを話した。少なくともこれを訂正させなければならない。私の頭の中には、さっきから言いたくてたまらないことが渦巻いている。

「池上さん、貴方は本当のことを話さなければいけない。貴方は、一九四四年九月、ルーズベルトとチャーチルが『ドイツが先に降伏して日本だけ残っているから、日本には原爆を使う』と当たり前の軍事的決定をしたように言われたけど、それは違う。一九四四年九月の会談の折はドイツも日本も戦っていたのに彼らは、日本人だけを取り出して原爆を日本人に使うとしたのです。国際法は、文民には攻撃してはいけないと言っているのに、日本人だけを原爆の攻撃目標にしたのです。軍事でなく、犯罪が行われたのです。よりにもよって、ＩＣＪの勧告的意見を掲げるこのシンポジウムで、米英首脳が文民攻撃を計画したという犯罪事実を見落としてはダメじゃないですか」

池上氏の話には誤りがあるのだから、せめて今訂正しなければいけないのだ。司会の吉田氏が打ち切ろうとする時、私はもう、何ものをも撥ね飛ばすほどの意気込みで立ち上がった。

しかし驚いたことに私はこの時、何と声が出なくなっていたのだ。機会を秒読みに窺っていると緊張してこうなるものかと、私は我ながら不甲斐ない思いで何とか喋ったのだが、それは聞きにくいものだったようで、音声といい内容といい、池上氏を不快にさせるだけだった。そして吉田氏は、池上氏にも発言の時間を与えないように手際よく会を終わらせることに成功した。私は降壇した池上氏に五分間、時間を貰えないかと頼んだが、池上氏は「時間無いです」と取りつく島が無かった。池上氏の後ろで吉田氏が薄笑いを浮かべている。しかしそれも瞬時で、誰もが、ただ出口へと急いだ。シンポジウムは今度も何の収穫もなく終わった。こうなると既存の権力の強さというのが改めて思い知らされる。西村陽一氏も恐らく何の連絡もして来ないだろう。そして後、この問題で私に残されたことと言えば、岩波の「世界」に池上氏の論文に誤りがあることを伝えることぐらいしか無かった。

おわりに

――今や核は禁止兵器にすることができる状態になっている

二〇一五年は終戦七十周年というのに、八月十五日が終わってみると、別に変ったことも無く例年通りの夏として過ぎていた。朝日新聞常務の西村陽一氏からは何の連絡もなかった。日を追うに従って、連絡が無いということは、最初から決まっていたに違いないと思うようになったのだが、あれが大手マスコミのやり方かという印象だけが私の心に残った。その場だけは誠実そうにてきぱきと処理する。しかしそれだけだ。それについて思い出されることがある。前年、朝日は「車座集会」を全国何カ所かで開いて紙面に大きく取り上げたが、これを考えたのも西村氏ではなかったか。写真では確かに西村氏が「車座集会」の正面に座っている。

岩波の「世界」の反応も予想通りだった。私は「読者談話室」の欄に、ハイドパーク覚書は「原爆は日本人に使用」で「日本に使用」ではないと書いて投稿したのだが載せられなかった。私は以前にも何回か同じ趣旨の投書をしてハネられているから、難しいだろうとは思っていたが、今度のは掲載論文の誤りの指摘だから「世界」も無視できまいと思っていたのだが甘かった。朝日にしろ岩波にしろ、見えないところで何をやっているのか分からない。

しかしそれでは終戦七十周年には特に記しておくべきことが無かったかというと、そうではない。八月九日の長崎原爆の日に被爆者代表として「平和への誓い」を語ったのは谷口稜曄氏だった。谷口氏は被爆の死の床から立ち上がった伝説の人である。二〇一五年八月九日、日本国民のすべては、谷口氏のすさまじい体験を直接また新しく聞くことになった。「原爆を背後から受けて大火傷が背中全体を覆った。手をあてるとヌルヌルと焼けただれた皮膚がべっとり付いて来る」。しかも彼が救い出されたのは三日後である。それから二年間、谷口氏はうつ伏せのままで、胸が床擦れで骨まで腐ったと言う。私はこのことを、もうずっと前から聞いて知っているが、聞く度にこの長い苦しみに耐えた谷口氏は大事業を成し遂げた人だと思う。この人ぐらい、天から与えられた命を大事にした人はいないと思う。谷口氏は記念の年に他者をもって置き換えることのできない仕事を果たした。被爆七十年の非人道性を語るのに最もふさわしい人が、最も適切に選ばれた。

しかし私は矢張りこれだけで良いのかと考えざるを得なかった。正直に言うと私はこの日、その尊敬すべき人をＴＶや新聞で眺めるのに苦痛を覚えた。私は、二〇一〇年に谷口氏のうつ伏せの写真を目にしてから、何度となく彼にハイドパーク覚書のことを言い続けて来たのである。私は谷口氏の使命はハイドパーク覚書を世界に語ることだとの確信を持っている。米英首脳は、この覚書で「日本人には原爆を使う」とアウシュビッツの宣告をして、何の罪も無い谷口氏を死の淵をさまよわせ苦しませた。谷口氏こそ被害者当人として、その代表として、うつ伏せの写真を持って宣告した側の非人道性と不法性とを追及しなければならないのである。

だが谷口氏は私の呼びかけに全く無言だった。谷口氏は長崎原爆被災者協議会の会長だから、私の出した協議会宛のメールは確実に谷口氏の手元に届いているはずだ。谷口氏個人の問題としても、ハイドパーク覚書の宣告によってこんなに非人道的に酷い仕打ちをされたと語ることは、最も大事なことなのである。しかし谷口氏からは全く反応がなく私は理解に苦しんだ。谷口氏はせっかく原爆による大火傷を乗り越えたという実績を持って、日本人に対するホロコーストを目に見える形にしているのに、この宝の持ち腐れをしているのである。「大火傷は日本人へのアウシュビッツだ」と世界に分からせなければいけない。大火傷が大火傷に止まるなら宝でなくなる。そしてこの宝を失うということは、谷口氏個人の問題のみならず、人類全体の問題なのである。

二〇一五年のNPT再検討会議でも、谷口氏はアメリカの会場まで行きながら、この宝を宝として使わなかったので、私はまたもメールを送った。もちろんこれにも返事はなかった。メールはまだ会議中の四月だった。その後、私は谷口氏のヌルヌルの皮膚や被爆者の垂れ下がった皮膚が、原爆の熱線の恐るべき作用によるものと知った。数千度という熱線は、皮膚の真皮や表皮の水分を一瞬のうちに蒸発させ、発生した高圧ガスが表の皮膚を吹き飛ばすのだという。生卵を電子レンジにかけると破裂して殻が吹き飛ぶ、あれだ。――となると原爆は、人間のバーベキューをやっているのではないか。原爆は「原爆レンジ」となって半径五キロメートルの範囲の人間を黒こげにし、バーベキューをする。電子レンジは半径十センチの中で食肉のバーベキューを作る。

「電子レンジ・チン」で食肉のバーベキュー、「原爆レンジ・チン」で人間のバーベキュー。国際司法裁判所ＩＣＪは、原爆は一般的に人道的国際法に違反するとの勧告的意見を出したが、「原爆レンジ・チン」まで認識してなかっただろう。日本人に対するアウシュビッツ惨劇が、ハイドパーク覚書でこんなに残酷に作られたのに、この事実を人はなぜ言わないのか。谷口氏はなぜ言わないか。なぜＮＰＴ再検討会議で言わないのか。なぜ避けるのか。私にはこれが全く分からない。

しかし私はこの夏、谷口氏のほかにもハイドパーク覚書を避ける被爆者に会った。朝日新聞の国際平和シンポジウムで「伝える　語り継ぐ」の代表者として、ある文化団体の元会長が十四歳での被爆体験を語った。彼は私と同年で、当時は広島の中学生。私は横浜の中学生で、一時、広島と横浜は同じ原爆の攻撃目標だったから、私は何か昔の戦友に会ったような懐かしさで休憩時間に彼に話しかけた。そして後で、本当に話したかったこととして、ハイドパーク覚書のことを書いて手紙を送った。ところが彼は随分遅くなって返事をくれたが、ハイドパーク覚書についてはー言も触れない。というより、それを注意深く避けたのである。彼はこの六月、ワシントンのアメリカン大学で被爆体験を語り、原爆を落とした「エノラ・ゲイ」を置くスミソニアン航空宇宙博物館別館では、キノコ雲の下で何が起ったかを伝えないのに憤りを覚えたというのに、その人が、なぜハイドパーク覚書に無関心でいられるのだろうか。

私にはこれが全く分からないのだが、これが被団協の人たちの普通の振る舞いなのだ。被団協代表の坪井直氏もそうだった。事務局長は「言挙げ」したくないと言った。これが被団協をまとめる言葉であろう。この古風な言葉「言挙げ」は、「言葉に出して言い立てる」とか「とりたてて言う」だから、被団協は変ったことをしたくないというのだろう。

私はこうして不満足な気分のまま二〇一五年の夏を過ごしていたのだが、秋になって私自身、自分の目がいかに世界を見ていなかったかに気付き反省させられることになった。十一月五日、国連で総会の軍縮・安全保障委員会の投票が行われ、そこで私の予想もしなかった提案が採択されるということが起こった。それは核兵器の法的禁止を目指すものである。

提案国はオーストリアと南アフリカ。詳細は分からないが具体的には、このための作業部会を二〇一六年にジュネーブで開くというもので、決議案の標題は「核兵器の禁止と廃絶に向けた人道の誓約」と「核兵器のない世界への倫理上の要請」である。投票ではこれに核保有国や北大西洋条約機構などが反対し日本が棄権する中、一三〇近くの国々からの賛成を得たのである。国連参加国の総数は一九三だから圧倒的多数の国が核兵器の法的禁止に賛成しているのだ。

これらの国々は生物・化学兵器や地雷、クラスター爆弾と同様に核兵器を国際法で禁止することを主張する。しかしこれに対してアメリカは早速反対の姿勢を示した。そして日本の外務省は世界のこの流れを見て研究会を作ったのだが、最初は「核兵器の法的禁止」を研究題目に挙げていたのに直ぐにこれを取り消したというから、世界で唯一の被爆国の看板を掲げる日本が目指すものは、決して「核兵器の法的禁止」ではない。

こんなことではいけない。日本は唯一の被爆国であるがゆえに、他の国が言わないことを言わなくてはならないのだ。日本は「原爆は日本人に対して使う」とされたその当の国ではないか。この文言には原爆の悪魔性が凝結して出を待っている。それを突き返して、凶悪さを世界に示して核廃絶へと進まなければならない。しかし日本政府は今そんなことをやる気は全く無い。何という落ちぶれた国だろう。それはどうしてもやらねばならない――日本人として、世界人として、そして宇宙を作った神のためにそれをしなければならない、と私は心底から思う。

しかしそれには、これまでのように覚書の言葉を一つ取って、どこがどう言ったとか、この点が矛盾するとか、細かいことを言っているだけでは済まないと思う。一つの確立した原理・原則から出発して、核廃絶に進むほかないと、太い筋道を明示しなければいけないのだ。その主張のために、疑いの無い事実を使い、前進のためにはひたすら論理のみに頼る。こうしてこそ、たどり着いた結論に万人が納得するであろう。

ではその根本の原理・原則に何を使うか。いま世界は曲がりなりにも核兵器の平和時代にある。それを成立たせている大もとの考えが原理・原則であるはずだ。しかしそれは「原爆は日本人に使う」の時には破られた。ということは、根本原理から出発して「原爆は日本人に至る過程において、この根本原理の無視や、それからの逸脱があったということだ。これを摘発、直視しなくて、どうして核廃絶に進み得ようか――そう思うと、私はそういう思いを込めて、それを伝えるための出来るだけ簡単な、しかし筋の通った文章を作ろうと志した。その時、もう日本人、ドイツ人の言葉の取捨なんかは二の次だった。こうして少し時間をかけて、どうにか小文を書き上げたのである。

国連での核討議　今や核廃絶は実現可能だ

二〇一五年の秋に国連で、核兵器のない世界に向けての『核兵器禁止の法的条項や規範』の作業部会を開催する、との決議が一二八国の賛成で採択された。しかし核保有の米英仏中ロの安保理常任理事国が反対する中で、この試みは成功しないだろうと世界は見ている。だが五大国といえども、核兵器の無条件使用を主張するのではない。そこで先ず、五大国が法的に許容する範囲内から出発して、この問題を考えてみてはどうか。

一九九六年に発表された国際司法裁判所の『核兵器使用に関する勧告的意見』では、五大核保有国の判事を含む全判事が一致して同意見になったものがある。それは、核兵器使用は国際人道法の原則に従うべきだとしたことである。国際人道法の掲げる原則の第一は、文民の保護であり『文民を核兵器の攻撃目標にしてはならない』である。これは大もとの考えとしてよい。さてここで実際問題に合わせて、文民が多数いる場所はどこかを考える。それは都市だから、前出文は『都市を核兵器の攻撃目標としてはならない』となるではないか。今まで表に出なかったけれども、五大国の共通の見解にはこの指示が隠れ潜んでいた。ＩＣＪの判事も気付かなかったのだろうが、それが隠れていたと指摘することによって、国連の作業部会の仕事は具体化される。

『まとめ一、　国際司法裁判所の勧告的意見には、核兵器の都市攻撃禁止が内在している』

『原爆の都市攻撃、イコール原爆の人間攻撃』が正しいことは、実際に起こったことがまさにその通りであったことによって裏付けられる。チャーチル英首相は原爆の使用に関して『原爆は完成後、熟慮の上おそらく日本人に使うだろう。日本人には降伏するまで原爆攻撃が繰り返されると警告せねばならない』との覚書を作り、原爆の攻撃目標を日本人とした。そしてこれに基づき日本の都市選定となり、原爆は都市攻撃となった。『原爆の都市攻撃、イコール原爆の人間攻撃』であることはこれで明らかだが、一九四五年五月二十八日に、広島が焼夷弾攻撃の目標から外されて原爆の確定目標となったことに更に露骨に現れている。それはこうだ。原爆も焼夷弾も都市を同様に破壊するが、違いが一つある。住民は焼夷弾からは逃れられるが原爆からは逃れられない。原爆の都市攻撃は、即住民の殺戮なのだ。米英首脳は国際人道法の原則、文民保護を全く無視して、計画から実行まで一貫して戦争犯罪を犯した。だから核兵器の都市への攻撃禁止は、国際人道法の原則に潜んでいると安心できるものではなく、国際法で明文化しなければならないのである。

『まとめ二、　核の都市攻撃は実行された。その禁止は国際法に明文化されなければならない』

国際人道法の考えは、戦後強調されるようになったが、もちろん戦前にもあった。国連の前身の国際連盟は一九三八年、ナチ・ドイツのゲルニカへの空爆と日本軍の中国・重慶への空爆とを非難して、空爆は軍事目標に限るべしとの決議を全会一致可決し、ルーズベルトも同趣旨の有名な演説をした。しかし、そのルーズベルトも核兵器を手にした時、国際人道法に真っ向から反する原爆攻撃を企てて恥じない。権力者は信用ならない。となると核兵器は都市への攻撃禁止に止まらず、全面的に禁止兵器とする以外ないではないか——これが、『核兵器の使用は国際人道法の原則に従うべきだ』という国際司法裁判所の全判事一致の見解から出発して、論理と事実の考察を経て得られた結論である。

『まとめ三、世界の権力者は核兵器を手にすると信頼できなくなる。ゆえに核兵器は禁止兵器とせねばならない』

私の立場は以前と変らないが、私はこれで今までより強く主張することが出来たと思った。私は通常、議論では必ずハイドパーク覚書の「原爆は日本人に対して使う」を出発点に置く。原爆の攻撃目標を人間とするのが非人道的だと糾弾するのが主目的だが、この私のやり方では日本人・ドイツ人の問題が絡み合って議論の筋が通しにくくなることが多い。それなら人道・非人道の問題に徹するような議論の立て方をすべきではないか。こうして気が付いたのがＩＣＪの勧告的見解の全判事一致の意見「核兵器の使用は国際人道法の原則に従うべし」を大もとの考えとすることだったのである。これは既に世界で確立された見解だから、これを基にすることで私は強い立場を取ることが出来て、反対意見を気にすることも無くなった。そしてその後は、議論を事実と論理だけを使って進めて行くのだから、筋の通った強い意見が得られるのである。

私はこうして一つの宣言文を得たと思う。誰も反論することの出来ない文、誰も従わざるを得ない文。それでもって私は、核廃絶がもう既に潜在的に合意されていたことを説く。この合意は最早取り消せない。世界はいずれ核廃絶するだろうと思う。しかし今、この意見をどこへ持って行けばいいか。一二八の国とどう接触するかも分からない。私に出来ることは、やはり新聞の投書欄に投稿することしかない。しかし私は自信ある文章を作ったのだ。先ずこれが誰にも読まれるようにと手を加えて、私は次の基本文を作った。

「核兵器の都市攻撃禁止を叫ぼう

国連に核兵器禁止に向けた作業部会が新設された。これは一二八国の推進によるものだが、核保有国は反対したから、これから核保有国をいかに議論に引き込んでいくかが最初の課題となる。

しかし対立する双方の意見には共通の部分がある。二十年前、国際司法裁判所ＩＣＪが『核兵器使用に関する勧告的意見』を出した時、その中に米ロ英仏中の判事を含む全判事一致の意見があった。それは『核兵器使用は国際人道法の原則に従わなければいけない』である。国際人道法の原則の第一は市民の保護である。市民を攻撃目標にしてはいけない。これが核兵器にも適用される。そして市民が多数集まるのは都市だから、ＩＣＪの勧告的意見の中の一つ（核保有国を含む全判事が合意した意見）から核兵器の都市攻撃禁止が自動的に出て来るというわけだ。しかし事実としては七十一年前、原爆は都市攻撃に使われた。当時、国際人道法が不完全だったからだろう。だが時代は進歩した。今やＩＣＪの勧告には『核兵器の都市攻撃禁止』が潜んでいるのだから、これを明文化しなければいけない。

われわれは叫ぼう。核兵器の都市攻撃禁止を国際人道法に明記せよと」

私はこれを朝日の「私の視点」と「声」、読売の「気流」、毎日の「みんなの広場」に宛てて時間をかけて送った。時間をかけてというのは、一つずつ送り、掲載してくれないと確かめてから次に進んだということだ。こうして私の投稿は全紙からの掲載拒否が確かめられたのだが、そのうちに朝日の「声」に、国連・作業部会の発足を扱った二十歳の大学生の「被爆国・日本は核廃絶の訴えを」と題する投書が載った。彼は「世界に対する日本の明確な意思表示が最も重要だ」と言う。「それは核兵器のない世界を実現すること」だと言うのだが、ではそのために何をするかと言えば「核廃絶を国際社会に対して積極的に訴えること」でしかない。彼は実質的に何も言っていないのである。核の廃絶を叫び続けろと言っているだけだ。にもかかわらず彼は発言するのだから、それで足りていると思っているのだろう。これが平均の日本人あるいは平均の若者かもしれない。私はそういう人が今まで聞いたことのない意見を聞く時、どんな反応をするのか知りたいと思った。

そこで私はボツになった私の投書のコピーを同封して——もちろん開封で切手は貼って——朝日の声係に転送を依頼した。すると思いがけないことに朝日声係から大型の封書が送られて来た。何と、中には私の送った手紙がそのまま入っているではないか。ただし一枚のコピー用紙が入れてあった。

「岡井さま
ご依頼の封書の転送を承ることはできません。返却させていただきます。　朝日新聞『声』編集」

見えないところで朝日は言論による言論への暴力を振るっているのである。同じ頃、私は半年前に回答を約束して、ちっとも返事を寄越さない朝日の編集担当常務の西村陽一氏に催促の手紙を送った。少し、しつこいとは思ったが、私はそれを念のために簡易書留速達にした。しかしそんなことをしても西村氏は全く黙っている。私は催促の手紙の中で朝日の体質を論じた。国連の「核兵器の法的禁止」を目指す作業部会が発足するというのに朝日の「視点」も「声」もそれを扱わない。それに私は危機感を覚えたのである。これがハイドパーク覚書の改竄を固執する体質に繋がっている。しかしとにかくそんな指摘にも西村氏は知らん顔をする。なるほど、この上司にしてこの声係ありだ。

西村氏は朝日の原発・吉田問題の時、徹底的に縮こまった。「じっくりとご意見をうかがう場を設けます」として「ご意見をうかがう『車座集会』」の大阪にも飛んだ。紙上では編集担当として「重い教訓と受け止めます」の決意を語った。そこには「上司が果たすべき役割を十分に果たさず、組織として誤りを防げなかったこと、掲載後に受けた批判に適切に対応しなかったことなども大きな誤りだったと判断しています」「みなさまに改めておわびするとともに」「非常に思い教訓と受け止め、信頼を得られるよう全力で努めてまいります」とあるが、それを彼は今、ポンと捨ててしまったのである。何と言う朝日の姿勢かと思う。朝日は、上から下まで一貫して私を投書欄から閉め出そうとする。おそらく閉め出されるのは私だけではないだろう。これは国の言論の危機ではないか。

こう考えると、私は父のことをまたも思い出さざるを得なかった。前に述べたように彼の昭和二十年（一九四五年）の日記には「九月二十六日　東大神経科教室　内村教授」の記述がある。その時、もう戦争は終わっていたが、彼はまだ大審院の判事懲戒裁判の被告で、東大内村教授の精神鑑定を受けるよう命じられた。父は晩年にそのことを一度だけ語った。

「戦後、裁判記録を見せて貰ったら、投書狂とか書いてあった」

内村は当時、精神科の最高権威だったが、投書狂とはなんとも学問らしくない。彼は恐らく、裁判長大審院部長判事と計らって常識論で片付け、精神鑑定をしたことにしたのだろう。投書狂というのは昔から世間にあった言葉だ。父も恐らく、世間からそう見られていたのだろう。何しろ彼は、日本が滅びるのをなんとか救おうと思い詰めていたのだから。しかし彼の意見が新聞に載ることは無かったようである。唯一載ったと私が知っているのは、松山城壕が埋立てられる間際になってその阻止を訴えた時だ。この時、実行期に入っていた城濠埋立はそれで中止されたのだから、彼は有益的な投書をしたわけだ。そして彼の有益的な投書はむしろ政治の分野であったはずだ。政治の面でもし昔、父の投書が採用されていたらそれが日本滅亡をくい止めたかも知れないと私は思う。しかし父は投書欄から閉め出されたのである。

当時のマスコミの連中は今生きていたら、それは治安維持法の時代だったからと言うかも知れない。では私が今閉め出されているのは何故だろう。これが私にはさっぱり分からない。私の「核兵器の都市攻撃禁止を叫ぼう」がいけなくて、二十歳の学生の「被爆国・日本は核廃絶の訴えを」が良い理由が分からない。私が今指摘することは、核廃絶が既にＩＣＪの勧告的見解に内在しているという事実だ。そしてこれが表に出ると、核廃絶が一挙に進むはずだが、マスコミはそれを阻もうとする。私の投書なんか何十通出しても朝日は知らん顔する。読売も毎日も産経も岩波「世界」も中国新聞も同じだ。そこで私は全く動けなくなる。言論の力を使うことが出来なくなるのだ。だから私は今、はっきり言える。

「核廃絶を阻む最大の敵はマスコミである」と。

あとがき

　私は六年前『原爆は日本人にはつかっていいな』を出した時、これで区切りがつけられると思った。しかしその後、書き足すことが溜って書き直したくなったのだが、この本を出版した会社の経営者が変って、そこからの出版が不可能と分かった。それでも私は書き直しに取り掛かり、その作業が大体終わった頃、思いがけず国連の軍縮作業部会で核廃絶の法的禁止の議論が始まるとのニュースに接した。私の気が付かないうちに、世界はもうそこまで進んでいたのだ。私は驚くと同時に、私の意見を核廃絶推進派の国々に伝えたかった。しかしその方法も分からないし、第一、私は先ず本の出版のことを片付けて足もとを固めなければならなかった。

　こうして内外とも問題が一挙に押し寄せて、私が対応し切れなくなった時、助けて下さったのが社会批評社の小西誠氏である。小西氏は私のやっていることを理解して出版を引き受けて下さることになり、適切な助言まで色々していただいた。それは見識から出たものだったから私が感心していると、小西氏はその間にも仕事を進めて、本はもう四月下旬には出版の運びになるという。これは小西氏が国連・作業部会の進捗状況を見て急がれた結果だろうが、私の方は申訳ないことにそれに応えてうまく動くということが出来ずにいる。

　しかしともかく私は足場を得た。現在の軍縮作業部会は、あと五月と八月に会合を開き十月に国連総会にたたき台となる勧告を出すというから、今私はそれに間に合わすことはできない。しかし軍縮作業部会は今後も目的を達成するまで、何度も同様な会合を開くであろう。その時、この足場からの発言を私は目指すことが出来るかもしれないと、私はただ小西氏に感謝するのみである。

二〇一六年三月末

岡井　敏

著者略歴

岡井　敏（おかい　びん）

1930年生まれ

東京大学理学部卒、同大学院修了、理博。

1991年まで科学技術庁無機材質研究所総合研究官、1998年まで工学院大学教授。

著書に『東条弾劾』（現代史出版会、1979年）、『二つの文化から一つの文化へ』（三一書房、1997年）、『父の「陛下に帝王学なし」と東条弾劾　私の「九条で国は守れる」』（早稲田出版、2008年）、『原爆は日本人に使っていいな』（同2010年）

●核兵器は禁止に追い込める

──米英密約「原爆は日本人に使う」をバネにして

2016年4月30日　第1刷発行

定　価　（本体1800円＋税）

著　者　岡井　敏

発行人　小西　誠

装　幀　根津進司

発　行　株式会社　社会批評社

東京都中野区大和町1-12-10小西ビル

電話／03-3310-0681　FAX／03-3310-6561

郵便振替／00160-0-161276

URL　http://www.maroon.dti.ne.jp/shakai/

E-mail　shakai@mail3.alpha-net.ne.jp

印刷　シナノ書籍印刷株式会社